교회,
다시 꿈꾸다

교회, 다시 꿈꾸다

안희묵 지음

교회성장연구소

Contents

추천사   06
부르심과 비전을 따라 온 길   10

1부
건강한 교회의 기초 – 목회 철학

1장   방법보다 중요한 건 목회 철학이다   19
2장   건강한 성도가 건강한 교회를 세운다   31
3장   건강한 교회에는 균형이 있다   41
4장   성도가 주인공이 되는 교회   55
5장   창의적 목회의 비결   71
6장   지역사회를 친구로 얻기   83

2부
건강한 교회의 모델 – 꿈의 교회

7장 바로 그 교회 93
8장 건강한 목장교회로 전환하는 로드맵 1 103
9장 건강한 목장교회로 전환하는 로드맵 2 115
10장 건강한 목장교회로 전환하는 로드맵 3 125
11장 건강한 목장교회로 부흥하는 매뉴얼 1 133
12장 건강한 목장교회로 부흥하는 매뉴얼 2 141
13장 건강한 교회의 사역 151
14장 건강한 교회의 양육 1 165
15장 건강한 교회의 양육 2 173
16장 건강한 교회의 전도 183
17장 건강한 교회의 예배 191
18장 건강한 교회의 설교 199
19장 다시 꿈꾸는 새로운 교회 209

나가는 말 218

DREAMS AGAIN

추천사

지금 우리는 길을 잃고 있습니다. 의욕도 열정도 상실하고 있습니다. 모든 꿈은 야망으로 매도되고 있습니다. 가히 교회의 사망선고 직전 상황입니다. 감히 오늘의 교회는 비상시국을 직면하였습니다. 그런데 이 책은 그럴 필요가 없다고 선언합니다. 다시 꿈을 꾸는 것이 해답이라고 선언합니다. 하나님 나라의 새 꿈이 필요할 뿐이라고 선언합니다. 전통교회에서 건강한 목장교회를 일으키고 목장 교회를 넘어 멀티 사이트 교회의 기적을 낳았습니다.

공주, 세종, 대전을 엮은 꿈의 네트워크는 꿈의 교회가 구현한 그 나라의 고속도로라고 할 만합니다. 저는 안희묵 목사에게서 빌 하이블의 예지를 봅니다. 그의 교회는 그가 사모하던 토마스로드 교회를 넘어서고 있습니다.

공주라는 작은 도시에서 시작해 놀라운 복음의 영향력을 끼치고 있는 꿈의 교회 기적의 스토리에서 우리는 성장을 넘어선 참된 부흥의 불꽃을 만납니다. 이 불꽃이야말로 한국교회의 겨울을 넘어서는 희망이 될 것입니다. 부흥의 봄을 준비하는 한국교회의 새 목회학 개론으로 강력 추천합니다.

■ 그 나라의 봄을 기다리는, 동역자 이동원 (지구촌교회 원로목사)

저자는 꿈꾸는 목회자입니다. 꿈꾸어 온 건강한 교회를 세운 목회자입니다. 저자는 복음에 미쳐 있고, 하나님의 사랑에 미쳐 있습니다. 건강한 성도들을 양육하는 데 미쳐 있고, 건강한 교회를 세우는 일에 미쳐 있습니다. 그야말로 하나님의 거룩한 일에 몰입해 살아가는 성스러운 광인입니다.

이 책은 저자가 건강한 교회를 세운 아름다운 스토리를 기록하고 있습니다. 이 책에 담긴 건강한 교회를 세우는 데 필요한 원리는 아주 훌륭합니다. 하지만 그 원리를 적용하고 실천해 온 저자와 성도들이 더욱 자랑스럽습니다. 저자는 건강한 교회를 세우기 위해서는 속도보다 방향이 중요하며, 성장에 집착하기보다 건강에 초점을 맞추는 것이 중요하다고 역설합니다. 저자는 이 책에서 교회를 교회되게 하고 예배를 예배되게 하고 성도를 성도되게 하는 일에 헌신하도록 도전합니다. 예수님에 대해 전하지 말고 예수님을 전하라고 외칩니다. 교회가 복음의 메시지가 되어야 함을 강조합니다. 저자는 "목회란 사람을 세우고 구비시키는 것"이라고 말하면서 건강한 교회로 부흥하기 위해서는 "사람을 세우는 목회자의 열정과 모든 신자를 사역자로 세우는 교회 시스템이 균형을 이루어야 한다."고 말합니다.

저자는 전통적인 교회를 꿈꾸는 교회로 변화시켰으며, 변화를 두려워하지 않고 변화와 더불어 성장했습니다. 이 책 속에는 건강한 교회를 세우는 데 필요한 탁월한 원리와 시스템이 담겨 있습니다. 또한 구체적인 방법론이 함께 담겨 있어 새로운 시대에 새로운 교회를 세우는 매뉴얼과 같은 책입니다. 건강한 교회를 꿈꾸는 목회자들과 평신도들에게 이 책을 추천합니다.

■ 강준민 (L.A. 새생명비전교회 담임목사)

이 책은 건강한 교회를 꿈꾸며 안희묵 목사님이 지금까지 걸어오신 목회의 여정을 그리고 있습니다. 하나님은 꿈의 교회를 향하여 이사야 60장 22절의 말씀을 주셨습니다. 그리고 하나님께서 주신 비전을 품고 기도해 온 대로 공주, 대전, 세종에서 모이는 멀티 사이트 캠퍼스 교회로 부흥하게 하심으로 어제의 비전이 오늘의 현실이 되게 하셨습니다. 안 목사님은 진정한 교회 부흥은 하나님으로부터 시작된다는 사실을 알고 계셨던 것입니다.

많은 목회자가 건강한 교회를 꿈꿉니다. 안 목사님의 말씀처럼 건강한 교회는 성도가 하나님의 자녀의 축복을 누릴 뿐 아니라 하나님의 사역자로 세워지는 교회이면서 성도가 예수 믿는 행복을 누리며 세상에 거룩한 복음의 영향력을 끼치는 교회입니다.

안 목사님은 자신의 목회 경험을 통해서 건강한 교회로 전환하고 새로운 교회 부흥을 꿈꾼다면 목회에 새로운 전환점이 필요하며, 단지 목회 방법의 변화가 아니라 근본적인 목회 패러다임과 목회 철학의 변화가 필요하다고 강조합니다. 그러나 무엇보다도 목회의 어려움 가운데 하나님께 매달리며 기도하던 중 하나님께서 주셨던 그 말씀을 우리도 붙잡아야 할 것입니다. "교회가 부흥이 안 돼서 울고 있느냐? 네 생존이 불안해서 울고 있느냐? 너는 나를 더 사랑하지 못해서 눈물 흘리고, 너를 향한 나의 사랑을 깨닫지 못하는 것에 대해 눈물을 흘리거라."

우리가 목회자이든, 성도이든, 하나님의 자녀로 이 세상을 살아가면서 가장 중요한 것은 나의 목적, 나의 비전을 이루는 삶이 아니라 하나님의 사랑을 깨닫고, 하나님을 아는 일에 더욱 힘쓰며 하나님과 함께하는 삶이 아닐까 생각해 봅니다. 그래서 안 목사님은 우리에게 지금의 모습에 안주하지 말고, 영적인 도약을 꿈꾸라고 도전합니다. 그 도전이 우리의 삶에서, 가정에서, 교회에서 이루어지는 때를 기대해 봅니다.

■ 김병삼 (만나교회 담임목사)

왜 이제야 이런 책이 나왔는지 안타까울 뿐입니다. 아니 감사할 따름입니다. 누군가는 말로 하지만 안희묵 목사님은 삶으로 보여주는 목회자입니다. 저는 20여 년 동안 현장에서 교회를 세우고 성도들을 이끄는 안희묵 목사님의 리더십과 열정을 가까이서 봐온 증인입니다.

안희묵 목사님의 『교회, 다시 꿈꾸다』라는 책은 치열한 목회현장에서 주님이 꿈꾸시는 교회를 향해 성실하게 목회하며 맺은 귀한 열매입니다. 책장을 넘기면서 밭에 감추인 보물을 발견하듯 무릎을 치게 됩니다. 가슴 한편이 시원해짐을 느낍니다. 다른 무엇보다 현장의 생생함이 감동으로 밀려옵니다. 잘 숙성된 음식처럼 오랜 기다림의 흔적이 이 책을 통해 어떻게 주님의 비전이 현실이 되고, 꿈꾸는 교회의 비전이 실재가 되는지를 잘 보여주고 있습니다. 갈수록 힘들어지는 환경 속에서 주님이 꿈꾸는 교회와 바른 신앙을 위해 고민하는 목회자와 성도들에게 이 책을 필독서로 강력하게 추천합니다.

■ 장경동 (중문교회 담임목사)

들어가는 말
부르심과 비전을 따라 온 길

    저는 가난한 침례교 목회자의 4남매 중 맏아들로 태어났습니다. 대부분 옛날 시골 목사님들의 삶이 그랬듯이 제 부모님 역시 무척 고생하며 목회하셨습니다. 덕분에 아들인 저 역시 열악한 환경 속에서 자랐습니다. 아주 어린 시절에 우유 배달을 하고 잠시 동안이지만 중학교 때는 신문 배달을 하기도 했습니다. 고등학교 때 다른 친구들이 도시락에 얹어서 싸오는 계란 후라이를 부러워했습니다. 물론 저만 겪었던 일은 아니었을 것입니다. 그럼에도 부모님은 항상 베풀고 나누고 섬기는 참 목자의 삶을 사셨습니다. 어린 저는 그런 부모님의 삶이 당연한 것인 줄 알았습니다.

    그러나 고등학교에 들어가면서부터는 이런 부모님의 모습이 어리석고 미련하고 무능력하게 느껴졌습니다. 교회 안과 밖에서 이중적인 삶을 사는 일부 성도들의 위선 때문에 갈등했습니다. 교인들을 섬기는 부모님의 은혜를 배반하며 교회를 떠나는 어떤 성도들을 보며 마음에 깊은 상처를 받았습니다. 목사의 아들이니까 목사처럼 살기를 기대하는 사람들의 압력이 엄청난 스트레스로 다가왔습니다. 목사의 아들로 성장하면서 정서적인 혼란과 정신적인 갈등을 겪었습니다. 견디다 못한 저는 우울하고 희망이 없어 방황하던 고등학교

1학년 시절 신경안정제 수십 알을 먹고 자살을 시도했었습니다. 잠시 동안이었지만 그때의 방황과 갈등을 생각하면 부끄러울 뿐입니다. 아마도 저를 위해 눈물로 기도하시던 부모님이 아니었으면 오늘날의 저는 존재하지 않았을 것입니다.

치열한 인생의 혼란기를 통과하던 고등학교 2학년 여름 교회 수련회 때 전도사님으로부터 "하나님이 왜 너를 구원하셨는지 아느냐?"는 질문을 통해 큰 도전을 받았습니다. 그 뒤 자발적으로 성경을 읽으며 머리로만 알고 있었던 예수님을 인격적으로 만나고 영접하는 경험을 하게 되었습니다. 내가 이 땅에 존재하는 목적은 하나님을 위한 것이라는 사실을 깨달았습니다. 결국 그토록 거부했던 마음의 문을 열고 눈물로 목회자의 길을 선택하게 되었습니다. 그러나 침례신학대학교에 입학한 1980년 사회적인 상황은 그리 좋지 못했습니다. 저뿐만 아니라 지금 모래시계 세대로 불리는 또래 젊은이들과 함께 민주화의 열풍 속에서 온갖 사회적인 갈등과 사회 구조의 변혁을 맨몸으로 치러내야만 했습니다. 신학적 고민과 신앙적인 번민이 저를 흔들어 놓았습니다. 나 개인의 문제만 아니라 교회와 사회 속에서 나의 역할을 고민하게 되었습니다.

힘들게 군 생활을 마친 후 신학대학원에 입학하면서 "예수 믿는다는 진정한 의미는 무엇인가? 하나님은 그 비싼 값을 치르시며 왜 나를 구원하셨는가? 이 세상에 존재하는 교회의 의미와 모습은 무엇인가?"를 고민하기 시작했습니다. 스스로에게 던진 질문에 대한 신학적인 답변과 목회적인 대답을 구하기 위해 성경을 읽고 또 반복하여 읽었습니다. 다양한 분야에 대한 많은 책을 탐독했습니다. 깊은 사색과 묵상을 통해 이 세 가지 질문에 대한 답을 구했으며 더 깊은 공부를 위해 미국 유학을 결심하게 되었습니다. 그리고 미국에서 박사 과정을 공부할 때 마음에 품고 있던 세 가지 질문의 답이 있는 목회를 해보고 싶다는 마음을 주셨습니다. 하나님이 꿈꾸시던 건강한 교회를 세우고 싶은 열망으로 미국에서 맨땅에 교회 개척을 시작했습니다. 그동안 깨달은 믿음과 지식들을 목회 현장에 하나씩 접목하기 시작했습니다. 하지만 이상적인 교회론과 목회 현실 사이의 갈등은 개척 초기 저에게 교회에 대한 희망과 슬픔을 동시에 안겨주었습니다. 시간이 흐르면서 하나님의 사역자로 변화되어 가는 성도들의 모습을 통해 건강한 교회 공동체에 대한 가능성과 부흥을 맛보았습니다.

미국에서 목회에 열중하고 있던 저는 공주침례교회현재 꿈의 교회로부터 부름을 받게 되었습니다. 사실 개인적으로는 미국에서 한국으로 다시 나오고 싶은 생각이 없었습니다. 나에게 우울함과 좌절을 안겨주었던 절망의 도시 공주로 되돌아간다는 것은 단 한 번도 생각해 보지 않았던 일이었습니다. 그러나 아버지로부터 공주교회에 대한 영적 사명감을 강조하는, 일곱 장이 넘는 장문의 편지를 읽으며 깊은 고민과 갈등에 빠지게 되었습니다. 저를 아끼는 멘토 목사님들은 왜 공주로 돌아가느냐며 하나같이 반대했습니다. 공주에 대해 불편한 마음과 공주교회에 대한 영적 부담감 사이에서 많이 고민하며 기도하였습니다. 그러나 모 교회에 대한 애정과 사명감 때문에 편안한 미국 생활을 접고 공주로 다시 돌아오기로 결단했습니다.

원래 공주교회는 아버지가 할머니 등에 업혀 다니실 때부터 출석하셨던 모 교회였습니다. 60-70년대 공주침례교회는 심각한 교회 내분으로 인해 사분오열되어 폐교 직전까지 갔습니다. 당시 이 소식을 들은 아버님은 안정된 전임 목회지를 포기하고 모 교회를 다시 세워야 한다는 사명감으로 1971년 12월 공주교회에 부임하셨습니다. 부임 당시 교회는 주일학교를 포함해 전 교인이 27명이었습니다. 그들도 세 파로 나뉘어 싸우며 지역주민들에게 손가락질을 받고 있었습니다. 아버님은 그런 공주교회를 일으켜 세우고 교회당상선동 성전도 새롭게 건축하였습니다. 공주교회에 대한 아버님의 애정은 특별하셨습니다. 최선을 다해 목회하시던 아버지는 공주교회의 새로운 도약과 성장을 위한 순수한 마음으로 기득권과 70세 정년을 포기하고 62세에 조기 은퇴를 결심하셨습니다. 후임 목회자는 공주교회를 사랑하여 교회를 위해 목숨을 걸 수 있는 목회자여야 한다고 생각하셨습니다. 아버지와 함께했던 교회 리더들도 같은 생각이었습니다. 이후 성도들의 요청과 교회 결정을 통해 제가 후임 담임목사로 사역하게 되었습니다.

미국에서 공주로 다시 돌아왔을 때, 13평 남짓한 교회 지하실 사택에 짐을 풀고 목회를 시작했습니다. 습기가 하도 많아 이불이 다 썩고 곰팡이 냄새로 숨쉬기도 힘든 지하실 사택에서 일곱 명의 청년들과 첫 목장을 시작했습니다. 그때 삶을 함께 나누며 기도했던 목자들의 헌신으로 삼 년 뒤 청년들이 칠십 명으로 부흥했습니다. 새벽마다 봉고차를 운전하며 새벽 기도회를 살리려 애썼습니다. 매일 저녁 아홉시에 저녁 기도회를 인도하며 하나님께 매달려 기도했습니다. 양육 훈련에 집중하며 혼자 여섯 개의 소그룹을 인도하기도 했습니다. 그때 당시 저는 내일이 없는 것처럼 최선을 다했습니다. 그리고 하나님의 은혜와 성령님의 기름 부으심으로 교회는 점점 부흥하여 오늘에 이르게 되었습니다. 지난 19년의 목회를 되돌아보니 한 순간도 긴장의 끈을 놓지 않고 목숨 걸고 목회했던 것 같습니다. 하나님의 은혜로 꿈의 교회는 건강한 교회로 전환되었고, 지금은 공주, 대전, 세종 성전에서 멀티 교회 비전을 품고 새로운 교회로 나아가고 있습니다.

사실 꿈의 교회는 한 소녀의 죽음을 대가로 세워진 특별한 교회입니다. 미국 보스톤 클라렌돈 교회의 신실한 집사였던 씽 집사의 외동딸이 일찍 죽자 그 부모가 '엘라씽 선교회'를 조직하여 파울링 선교사 부부와 가드린 선교사를 한국으로 파송해서 교회를 세웠습니다. 상처를 사명으로 바꾼 한 성도의 헌신 위에 교회가 세워진 것입니다. 한국에 온 파울링 선교사 일행은 1896년 6월경 공주에 와 꿈의 교회를 설립했고, 1897년에는 스테드맨 선교사가 엑클스와 엘머 선교사와 함께 공주에서 본격적인 선교활동을 시작했습니다. 당시 서재필 등과 독립운동을 하다가 수배되어 쫓기던 오긍선은 서울에 머물던 스테드맨 선교사 집으로 피해 들어가 그의 한글교사로 일하다가 스테드맨 선교사와 함께 자기 고향인 공주로 내려가 예수 믿고 금강에서 침례를 받아 최초의 침례교인이 되었습니다. 이후 오긍선은 선교사의 권유로 미국 유학을 다녀온 후 광주, 목포 예수병원 초대원장이 되었고, 세브란스의과전문학교 한국인 초대 원장으로 봉사했으며 후에 보육 사업에 전념하였습니다.

1901년 일본 선교를 위해 철수한 스테드맨 선교사에게 사역을 인계받은 펜윅은 반죽동에 교사를 신축하여 성경학원을 설립하고 신명균을 원장으로 임명하여 10년간 지도자 양성에 힘썼습니다. 이때 설립된 성경학원은 현재 침례신학대학교의 모태가 되었습니다. 1946년 꿈의 교회 제17대 담임목사였던 박기양 목사님은 만주까지 가서 복음을 전했습니다. 이때 예수님을 믿고 목사가 되었던 김영국, 김영진이 공산당에 의해 순교했는데, 후일 우리 교회가 중국 선교를 재개하면서 두 분의 자손과 연결되어 중국에 교회를 재건한 일도 있습니다.

한편 우리 교회의 초기 역사를 보면 담임목사들이 자주 바뀌는데 그 이유는 당시 교역자들이 순회 목회를 했기 때문입니다. 이들은 한 지역에 머물러 있지 않고, 공주를 거점으로 여러 지역을 다니며 교회를 설립하고 열정적으로 복음을 증거 했습니다. 이는 현재, 여러 교회가 한 비전과 사명으로 함께하는 '멀티 교회'인 꿈의 교회의 목회 철학과 비전과도 일맥상통합니다. 한 곳에 머물러 외형과 몸짓만 커지는 교회가 되어서는 안 됩니다. 복음을 들고 필요한 곳에 나아가는 교회가 되어야 합니다. 이것이 교회를 향한 하나님의 뜻입니다. 건강한 교회는 건물을 세우는 교회가 아니라 '사람을 세우는 교회'입니다. 건강한 교회는 성도들이 하나님의 자녀의 축복을 누릴 뿐 아니라 하나님의 사역자로 세워지는 교회입니다. 건강한 교회는 성도들이 예수 믿는 행복을 누리며 세상에 거룩한 복음의 영향력을 끼치는 교회입니다. 건강한 교회는 공동체적인 교회 본질과 교회의 다섯 가지 사명이 균형 있게 이루어지는 교회입니다.

이제 우리 꿈의 교회는 다시 꿈을 꾸고 있습니다. 모든 신자들이 왕 같은 제사장이 되고 세상을 변화시키는 하나님의 사역자들이 가득한 새로운 교회로 계속 부흥할 것입니다. 무너진 가정들을 다시 일으켜 세우며 어두운 지역사회에 선한 영향력을 끼치는 아름다운 교회가 될 것입니다. 수많은 사람이 와서 상한 마음과 영혼을 치유받고 하나님 사랑의 실재를 경험하는 회복의 교회가 될 것입니다. 세상의 중심에서 하나님 나라의 실재를 보여주고, 하나님 나라를 실현하는 영적 전쟁의 선두에 서는 교회가 될 것입니다. 비전을 위대한 간증으로 만들어내는 기적의 교회로 계속 부흥할 것입니다. 지금까지 해 온 일보다 앞으로 펼쳐질 이야기가 더 아름답고 흥미진진한 새로운 교회가 될 것입니다. 과거 역사를 자랑하는 교회로 머무는 것이 아니라, 새로운 역사를 만드는 교회가 될 것입니다. 그래서 하나님이 꿈꾸시던 바로 그 교회, 모든 성도의 꿈이 이루어지는 바로 그 교회, 시민들이 기대하던 바로 그 교회가 되어 과연 '그 교회'라고 칭찬 듣는 교회가 되는 꿈을 다시 꿉니다.

THE
CHURCH
DREAMS
AGAIN

1부
건강한 교회의 기초
목회 철학

1장 THE CHURCH DREAMS AGAIN
방법보다 중요한 건 목회 철학이다

건강한 목회 철학이 새로운 교회를 만든다

역사를 살펴보면 모든 나라와 민족의 운명에는 흥망성쇠가 있었습니다. 영적으로도 마찬가지로 모든 교회나 목회에도 흥망성쇠가 있습니다. 성경 말씀처럼 망할 때가 있으면 흥할 때가 있습니다. 현재 한국 교회는 영적 교차로에 직면해 있습니다. 교회성장이나 목회에 만족하며 안주할 것인가? 아니면 새로운 부흥의 시대를 기대하며 도약할 것인가? 안티 기독교 세력과의 영적 전쟁에서 패배자로 마감할 것인가? 수많은 장애물과 걸림돌을 디딤돌 삼아 새롭게 도약할 것인가? 하나님의 뜻을 바로 이해하지 못한 채 자존심을 내세우고 사람과 환경을 탓하며 영적 부흥의 대열에서 낙오될 것인가? 새로운 미래를 꿈꾸며 건강한 교회를 향한 하나님의 비전이 이 땅에 실현되는 것을 볼 것인가?

기독교 역사를 살펴보면 수많은 교회가 세워지고 없어졌습니다. 변해가는 시대에 맞춰 변화되지 못하고 복음의 영향력을 끼치지 못하는 교회들은 사라져 갔습니다. 세상은 계속 발전하고 시대는 변하지만 한 가지 변하지 않는 사실이 있습니다. 각 시대마다 하나님의 뜻을 따르며 하나님께 쓰임받은 교회들이 있었다는 것입니다. 이런 교회들은 병든 교회, 부패한 교회가 아니라 건강한 교회였습니다. 큰 교회, 커다란 건물을 소유한 교회가 아니라 건강한 교회, 복음의 영향력을 발휘하는 교회였습니다. 작지만 큰 영향력을 끼치는 건강한 교회들에 의해 하나님 나라가 확장되어 왔습니다. 하나님은 이런 교회를 기대하십니다. 교회는 다시 꿈꿔야 합니다. 하나님이 꿈꾸시는 건강한 교회를 세우는 꿈을 다시 꿔야 합니다.

오늘의 선택이 내일의 운명을 가른다

정광호 씨가 쓴 『우화경영』이라는 책에 보면 솔개의 장수비결에 대해 이렇게 말하고 있습니다. "솔개는 가장 장수하는 조류로 알려져 있다. 솔개는 최대 약 70년을 살 수 있는데 이렇게 장수하려면 약 40세가 되었을 때 매우 고통스럽고 중요한 결심을 해야만 한다. 솔개는 약 40세가 되면 발톱이 노화되어 사냥감을 효과적으로 잡아챌 수 없게 된다. 심지어 부리도 길게 자라고 구부러져 가슴에 닿고, 깃털이 짙고 두껍게 자라 날개가 매우 무겁게 되어 하늘로 날아오르기가 나날이 힘들게 된다. 이즈음이 되면 솔개에게는 두 가지 선택이 있을 뿐이다. 그대로 죽을 날을 기다리든가 아니면 약 반년에 걸친 매우 고통스런 갱생 과정을 수행하는 것이다. 갱생의 길을 선택한 솔개는 먼저 산 정상부근으로 높이 날아올라 그곳에 둥지를 짓고 머물며 고통스런 수행을 시작한다. 먼저 부리로 바위를 쪼아 부리가 깨지고 빠지게 만든다. 그러면 서서

히 새로운 부리가 돋아나는 것이다. 그런 후 새로 돋은 부리로 발톱을 하나하나 뽑아내고, 새로 발톱이 돋아나면 이번에는 날개의 깃털을 하나하나 뽑아낸다. 이리하여 약 반년이 지나 새 깃털이 돋아난 솔개는 완전히 새로운 모습으로 변하게 된다. 그리고 다시 힘차게 하늘로 날아올라 30년의 수명을 더 누리게 되는 것이다."

목회도 마찬가지인 것 같습니다. 새로운 교회성장과 부흥을 위해서는 솔개 같은 영적인 전환점 혹은 교회의 전환점이 필요합니다. 그러나 이런 계기를 억지로 만들 수는 없습니다. 목회가 안 될 때마다 목회지를 바꿀 수도 없고, 교회성장이 안 된다고 담임목사를 교체할 수도 없습니다. 그러나 이런 외부적인 변화 없이 교회가 부흥하기를 꿈꾼다면 목회 패러다임을 바꿔야 합니다. 리더의 생각이 바뀌면 교회가 바뀝니다. 교회의 목회 방향과 분위기와 사역의 내용이 바뀝니다. 어떤 목회자는 목회 패러다임의 변화 없이 다른 교회에서 성공했던 프로그램을 도입함으로써 변화를 시도하기도 합니다. 그러나 목회 패러다임과 철학의 근본적인 변화 없이 진정한 변화는 어렵습니다. 다양한 목회 방법이 아니라 건강한 목회 철학이 새로운 교회를 만든다는 것을 기억해야 합니다.

오래 전 우리 교회에서 연세가 많으신 집사님 한 분이 소천하셨습니다. 그분의 자녀 중 한 아들만 빼고 모두 신실하게 신앙생활을 하고 있었습니다. 장례식을 치룬 후 제 고등학교 동창이기도 한 집사님의 아들이 저를 찾아와 이렇게 말했습니다. "나도 언젠가는 교회에 나갈 거야. 그렇지만 먹고 살기 어려운 세상에서 적당히 사기도 치고 거짓말도 해야 하는데, 교회 다니면 더 이상 그렇게 살 수 없으니 나중에 성공하면 그때 나갈게." 그 말을 듣고 저는 친구에게 이렇게 말했습니다. "지금까지 자네 생각과 방식대로 살아왔지만 성공적인 삶을 살지는 못하지 않았는가? 그렇다면 지금까지 자네가 살아오던 삶의 방식으로 앞으로 30년을 더 발버둥 치며 산다고 해서 달라질 거라는 보장은 없네. 그러니 교회에 나와 새로운 생각과 영적인 삶의 방식으로 방향을 전환해서 살아보게." 그 뒤 이 친구는 교회에 나오기 시작했습니다. 그러나 안타깝게도 얼마 후 다시 세상으로 돌아가고 말았습니다.

목회도 마찬가지입니다. 그동안 내 생각과 방식대로 목회를 했어도 교회가 부흥되지 않았다면 앞으로도 지금처럼 열심히만 한다고 해서 부흥되기란 어려운 일입니다. 단지 목회 방법의 변화가 아니라, 근본적인 목회 패러다임과 철학의 변화가 필요합니다. 큰 교회, 많은 성도를 추구하는 목회가 아니라 하나님이 꿈꾸시는 교회, 하나님이 세우고 싶어 하시는 건강한 교회를 세우려는 열망을 가져야 합니다. 교회를 다시 꿈꿔야 합니다. 목회를 다시 시작해야 합니다. 새로운 목회를 시작해야 교회가 부흥할 수 있습니다. 물론 목사의 리더십과 역량에 따라 교회가 부흥될 수도 있습니다. 그러나 외형적인 성장이 아니라, 성도들의 삶에 변화를 가져오는 진정한 교회 부흥은 사람의 방법이 아니라 하나님의 방법으로 이루어집니다. 진정한 교회 부흥은 하나님으로부터 시작되기 때문입니다.

공주침례교회에서 꿈의 교회로

공주침례교회였던 꿈의 교회는 전통적인 교회였습니다. 제가 부임할 당시 교회 창립 100주년이 되던 해로 침례교회에서 가장 오래된 교회 중 하나였습니다. 대부분의 한국 교회들처럼 남자 성도들이 많지 않고 여성도가 큰 비율을 차지하고 있었습니다. 변변한 집을 소유한 성도들도 없었으며 가정주부나 혹은 시장에서 장사하는 소시민과 어려운 분들이 대부분이었습니다. 그러나 19년이 흐른 지금 하나님의 은혜로 꿈의 교회는 공주, 대전, 세종 성전에서 모이는 멀티 사이트 캠퍼스 교회여러 곳에서 모이는 하나의 교회로 부흥되었습니다. 현재 꿈의 교회는 한국 교회 가운데 가장 혁신적인 교회 중 하나가 되어 건강한 교회의 모델로 알려지고 있습니다. 꿈의 교회가 외형적으로 성장하고 부흥한 것보다 더 중요한 사실은 모든 성도가 사역자로 섬기는 건강한 마인드로 교회 체질이 개선되었다는 것입니다. 사람이 없는 중소도시의 열악한 상황에서 공주보다 더 큰 도시에 교회를 세우는 교회가 되었습니다. 사람을 모으는 교회를 넘어 성도를 키우고, 사역자를 세우는 교회가 되었습니다. 목사보다 평신도 사역자목자가 더 많은 일을 하는 교회가 되었습니다. 헌신된 평신도 사역자들이 다른 성도들을 양육하고, 섬기며 교회를 이끌어가는 교회로 변화되었습니다. 젊은 성도들과 부부들이 넘치는 교회가 되었습니다. 개 교회를 넘어 지역사회에 주도적인 영향력을 끼치는 교회가 되었습니다. 지역의 경계를 넘어 복음을 증거 하는 영향력 있는 교회가 되었습니다.

저는 점점 더 열악해져가는 목회 환경 속에서 희망을 잃고 사람이 없다고 낙심하는 중소도시 목회자들과 성도들에게 그래도 '교회는 꿈'이라는 소망을 함께 나누고 싶습니다. 오늘의 한국 교회는 교회에 대해 냉소적인 사회 분위기에 상심하여 영적 동력을 상실한 채 영적 무기력증에 빠져 있습니다. 그렇다고 교회를 체념하거나 포기하기에는 너무 이릅니다. 사람은 포기해도 하나님은 포기하지 않습니다. 하나님은 교회를 통해 세상의 절망을 하나님의 희망으로 바꾸십니다. 하나님은 교회를 통해 세상에 대한 하나님의 구원 계획을 이루어가십니다. 저는 한국 교회 성도들이 주님이 세우신 교회 공동체에 대한 확신과 영적 자신감을 회복하여 이 땅에 하나님 나라 실재를 보여주는 건강한 교회로 부흥하기를 기도하고 있습니다.

성장 속도보다 바른 목회 방향이 중요하다

2006년, 유럽에서 진행되었던 선교사 세미나를 인도하러 갔을 때의 일입니다. 세미나를 마치고 루터가 종교개혁을 일으켰던 비텐베르크 성당을 보러 갈 기회가 있었습니다. 안내해 주시던 선교사님에게 아우토반속도 무제한 고속도로에서 제가 운전을 해도 되냐고 물어봤습니다. 평소 독일에 오면 달려보고 싶었던 곳이었기 때문입니다. 선교사님은 흔쾌히 운전대를 맡기셨고, 기회다 싶어 엑셀레이더를 힘껏 밟았습니다. 계기판의 속도가 160Km, 180Km까지 올라가기 시작했고, 200Km 가까이 되었을 때 손에서 땀이 나기 시작했습니다. 태어나서 처음으로 경험해보는 속도였습니다. 옆에 계시던 선교사님이 말했습니다. "안 목사님, 이 차는 220Km까지 속도가 나니 더 밟아 보세요." 긴장이 되었지만 속도감을 즐기며 더 힘껏 달리고 싶어 속도를 올리고 있었습니다. 그런데 놀라운 것은 200Km 이상의 속도로 달리고 있는데도 제 차를 추월하는 차들이 있었다는 것입니다. 한참 집중해서 바짝 긴장하며 운전하고 있는데 옆자리에 앉아 잠시 졸고 있던 선교사님이 눈을 뜨더니 당황하며 말합니다. "목사님, 저기 앞에 보이는 출구로 나가야 합니다." 그 말을 들은 저는 황당함을 감출 수가 없었습니다. 1차선에서 속도를 내면서 달리고 있는데 어떻게 갑자기 출구로 나갈 수 있겠습니까? 저는 옆에서 달리는 차들을 신경 쓰며 제일 가장자리 차선으로 변경하며 속도를 줄였습니다. 그러나 워낙 빠른 속도로 가다 보니 출구에서 약간 지나쳐서 갓길에 멈추게 되었습니다. 할 수 없이 비상 등을 켜고 약간 후진해 출구로 나갈 수 있었습니다. 지금 생각해보면 참으로 무모하고 위험한 행동이었습니다.

그러나 그때 깨달은 한 가지 사실이 있습니다. '속도보다 중요한 것은 방향이다.' 그렇습니다. 교회성장의 속도보다 더 중요한 것은 목회 방향과 철학입니다. 어떤 목사님은 저에게 "꿈의 교회는 부흥했으니 그렇게 배부른 소리를 하지요. 우리처럼 생존의 위기에 처해 보세요."라고 말합니다. 엉뚱한 대답 같지만 저는 이런 분에게 대학원에 다니는 제 아들에게 들려준 말을 똑같이 들려드리고 싶습니다. 얼마 전 아들이 하나님이 목회에 대한 마음을 계속 주시는데 목회를 해야 할지 말아야 할지 고민이 된다고 해서 제가 이렇게 말해 주었습니다. "아들아, 목회는 생계가 보장되지 않아도 교회와 하나님을 위해 목숨을 걸겠다는 결단이 있을 때 해야 된다. 그런 결단이 없이는 목사의 길을 가면 절대 안 된단다." 저는 교회의 부흥과 목회자의 생계 문제는 관계가 없다고 단호히 말하고 싶습니다. 교회는 목회자의 직장이 아니며 목사는 생계를 위한 직업이 아닙니다. 목사는 소명입니다. 소명이란 부르심을 받은 일에 목숨을 거는 것입니다. 교회 부흥은 사명입니다. 사명은 하기 싫어도 해야 하는 일입니다. 목사는 교회 부흥을 위한 거룩한 영적 소모품이 되어야 합니다. 목사는 주님의 교회를 세우고, 세우신 교회를 부흥시키기 위해 목숨을 걸어야 합니다. 교회가 어렵고 목사의 생계가 힘들다 해도 빠른 성장이 아니라 바른 성장의 길로 가야 합니다. 교회성장의 속도보다 중요한 것은 교회가 존재하는 본질에 충실한 부흥의 방향입니다.

열심보다 중요한 것은 핵심이다

제가 미국에서 박사 과정을 공부하며 교회를 개척할 때 일입니다. 대부분의 목사가 그렇듯이 가능한 모든 힘을 목회에 쏟았습니다. 당시 저는 그렇게 열심히 목회하면 교회가 부흥될 줄 알았습니다. 그러나 개척 초기 제가 직면한 목회 현실은 비참했습니다. 저의 수고와 열심에도 불구하고 만족할 만한 열매가 나타나지 않았습니다. 정말 열심히 사역했는데 교회가 부흥되지 않았습니다. 하루하루 생존을 위한 최소한의 돈이 없어 발을 동동 굴러야 했습니다. 아이들 우유 값도 없는 날이 있었습니다. 어느 날인가 집 앞 현관에 앉아 산 중턱에 뜬 달을 보며 하염없이 눈물을 흘리고 있는데 하나님이 문득 저에게 이렇게 물으셨습니다. '교회가 부흥되지 않아서 울고 있느냐? 아니면 네 생계가 불안해서 울고 있느냐? 너는 나를 더 사랑하지 못해서 눈물을 흘리고, 너에 대한 나의 사랑을 깨닫지 못하는 것에 대해 눈물 흘려야 한다.' 그때 저는 깨달았습니다. 저의 근본적인 문제는 교회가 부흥되지 않은 것이나 생계 문제가 아니라 하나님에 대한 사랑보다 내 욕심과 야망이 큰 것이 문제였습니다. 저는 하나님이 원하시는 교회를 다시 꿈꾸기로 했습니다. 그리고 저의 소명을 다시 분명히 했습니다. 큰 교회 목사가 되려는 야망과 욕심을 모두 내려놓고 하나님을 사랑하고 한 사람을 세우는 일에 목숨 거는 목사가 되기로 결심했습니다. 주님의 교회를 위해서라면 내 모든 것을 다 내어드리는 목사가 되자고 결단했습니다. 제가 이렇게 하나님께 완전히 항복하자 교회가 성장하기 시작했습니다. 이제와 생각해보니 당시 저의 간절함은 하나님의 은혜가 되었고, 그때 저의 절박함은 목회에 목숨을 거는 목사로 거듭나는 축복의 기회가 되었습니다. 저는 함께 사역하는 사역자들에게 종종 이렇게 말합니다. "자신의 영적 교만함과 이기심, 그리고 영적 야망과 게으름을 이기는 것이 목사의 탁월함이다."

오늘날 많은 목사님이 큰 교회, 성공한 목사가 되기 위해 열심히 사역합니다. 인간적으로 봐도 눈물겹게 최선을 다하는 목사가 많습니다. 그러나 열심히 사역하는 것보다 중요한 것은 목회의 핵심을 잡는 것입니다. 하나님이 원하시는 뜻과 목적이 무엇인지 분별하지 못한 채 열심만 내는 것은 오히려 위험한 것입니다. 교회가 성장하지 않는 것보다 더 위험한 것은 잘못된 성장입니다. 내가 하고 싶은 목회가 아니라 주님이 하라고 하시는 목회를 해야 합니다. 내가 보기에 멋진 교회가 아니라 하나님이 보시기에 좋은 교회가 되어야 합니다. 내가 원하는 교회가 아니라 주님이 기대하시는 교회가 되어야 합니다. 교회가 아무리 커도 건강한 교회가 아니라면 그것은 짝퉁 교회에 불과할 뿐입니다. 진짜보다 더 진짜 같은 교회에 불과할 뿐입니다. 교회는 교회여야 합니다.

목회 방법의 개선보다 목회 철학의 재정립이다

요즘 교회가 세상 사람들에게 비난받는 이유는 성도가 성도답지 못하고, 목사가 목사답지 못하고, 교회가 교회답지 못하기 때문입니다. 예수님은 길과 진리와 생명에 대해서 말씀하신 것이 아니라 예수님 자신이 길이요 진리요 생명이라고 말씀하셨습니다. 예수님이 복음입니다. 예수님이 복음 자체인 것입니다. 마찬가지로 교회는 복음인 예수님을 전해야 하는데 예수님에 대해서만 전하고 있습니다. 세상 사람들도 교회를 외적 모습으로 평가하지 않고 교회의 내용을 보고 평가합니다. 교회의 주장을 듣는 것이 아니라 교회의 삶을 보는 것입니다. 살찌는 것과 성장하는 것은 다릅니다. 크지만 병든 교회가 있고 작지만 건강한 교회가 있습니다. 교인이 많은 교회와 건강한 교회 사이에는 분명한 차이가 있습니다. 교회의 규모와 관계없이 건강한 교회로 전환되어야 합니다. 하나님이 이 땅에 교회를 세우신 목적과 뜻에 충실해야 합니다. 무조건적인 교회성장을 꿈꿀 것이 아니라 건강한 교회를 꿈꿔야 합니다. 교회는 건강하면 자연스럽게 성장합니다. 성경 말씀처럼 좋은 나무가 좋은 열매를 맺고, 나쁜 나무는 나쁜 열매를 맺게 되어 있습니다. 즉 교회의 부흥은 효과적인 목회 방법에 있는 것이 아니라 건강한 목회 철학에 있습니다. 에머슨의 말처럼 생각이 열쇠입니다. 생각의 전환이 일어나야 합니다. 생각의 부흥이 일어나야 합니다. 하나님이 원하시는 건강한 목회 철학을 가져야 합니다. 목회 방법의 개선보다 더 중요한 것은 목회 철학의 재정립입니다.

제가 건강한 교회와 바른 목회에 대한 시각을 갖게 된 결정적인 계기가 있었습니다. 80년대 초반 혼란스러운 사회 분위기 속에서 목회에 대해 고민하던 제게 큰 충격을 준 성경 말씀이 있습니다. 제가 지금의 목회 철학을 갖도록 관점을 바꿔어 준 말씀입니다. 마태복음 7장 21-23절 말씀입니다. "나더러 주여 주여 하는 자마다 다 천국에 들어갈 것이 아니요 다만 하늘에 계신 내 아버지의 뜻대로 행하는 자라야 들어가리라 그 날에 많은 사람이 나더러 이르되 주여 주여 우리가 주의 이름으로 선지자 노릇 하며 주의 이름으로 귀신을 쫓아 내며 주의 이름으로 많은 권능을 행하지 아니하였나이까 하리니 그 때에 내가 그들에게 밝히 말하되 내가 너희를 도무지 알지 못하니 불법을 행하는 자들아 내게서 떠나가라 하리라."

이 말씀은 살아있는 하나님의 음성이 되어 큰 교회 목사, 성공한 목사가 되고 싶어 하던 저에게 하나님이 원하시는 목회가 무엇인지를 깨닫게 해주었습니다. 하나님을 위해 큰일을 하고 싶다는 나 중심의 목회 철학에서, 하나님이 원하시는 뜻에 참여하고 순종하는 하나님 중심의 목회 철학을 갖도록 만들어 주었습니다. 내가 꿈꾸는 목회를 하게 해달라고 기도하던 제가 하나님이 축복하시는 목회를 할 수 있게 해달라고 기도하게 되었습니다. 기도의 내용이 바뀐 것입니다. 그렇게 내가 꿈꾸는 교회가 아니라 하나님이 꿈꾸시는 교회가 비전이 되었습니다.

내가 세우고 싶은 교회? 하나님이 세우고 싶은 교회!

하나님이 말씀을 통해 우리에게 주시는 교훈은 명확합니다. 우리가 어떤 일을 얼마나 위대하게 성취했느냐보다 얼마나 하나님의 뜻대로 순종했느냐가 중요하다는 것입니다. 내 주장이 중요한 것이 아니라 하나님의 뜻이 중요합니다. 우리가 세우고 싶은 교회가 아니라 하나님이 세우고 싶은 교회를 세워야 합니다. 얼마나 많은 일을 했고 얼마나 훌륭한 목사로 인정받았느냐가 중요한 것이 아닙니다. 하나님이 어떻게 인정하시고 평가하는지가 더 중요합니다. 목회가 힘든 이유는 내 힘이 들어가 있기 때문입니다. 내가 주를 위해 무엇을 해야 되겠다는 열정이 오히려 목회를 망가뜨립니다. 교회의 부흥은 전적인 하나님의 은혜입니다. 하나님이 주시는 부흥을 경험하려면 내 힘을 빼야 합니다. 내가 뭔가 이루려는 욕심, 이기심, 자존심을 모두 내려놓아야 합니다. 얼마나 큰 성장을 이룰 것인가보다, 얼마나 바르게 목회할 것인가에 관심을 기울여야 합니다. 어떻게 목회를 할 것인가 고민하는 시간보다 묵상하는 시간이 더 많아야 합니다. 기본이 갖춰지면 실력은 빠르게 향상되는 법입니다.

『개념원리』라는 고등학교 수학 참고서가 있습니다. 개념과 원리를 이해하면 문제가 풀어지는 것입니다. 목회도 마찬가지인 것 같습니다. 오늘날 많은 목사님이 교회 부흥을 위한 자료와 프로그램에 목말라합니다. 좋은 성경공부 교재를 찾고, 목회에 도움이 될 만한 세미나를 찾아다닙니다. 하지만 건강한 교회는 바른 신학과 건강한 목회 패러다임의 변화로부터 시작됩니다. 교회의 부흥은 방법에 있는 것이 아니라 철학에 달려 있습니다. 목회 철학과 개념이 분명하다면 목회 프로그램은 얼마든지 개발할 수 있습니다. 목회 방향이 결정되고 추구하는 목회 철학이 확실하다면 창조적인 목회를 할 수 있습니다. 자료가 빈곤하기 때문에 목회가 힘든 것이 아니라 목회 철학과 개념이 빈약하기 때문에 힘든 것입니다.

목회자가 분명한 소명감과 목회 철학을 갖고 목회 원리를 따라 최선을 다하면 건강한 교회로 성장하게 되어 있습니다. 분명한 비전과 열정, 창조적인 목회 전략을 가지고 교회를 섬긴다면 부흥하게 되어 있습니다. 그래서 저는 어떤 문제가 생기거나 중요한 결정을 내려야 할 순간이 다가올 때마다 깊은 묵상을 통해 제가 포기할 수 없는 목회 원리들을 정리해 놓습니다. 저는 길이 막힐 때마다 나는 누구이며 무엇을 위해 어디를 가고 있는지를 생각합니다. 작은 문제라도 항상 기본적인 질문에서 출발합니다. 이처럼 어려울수록 기본에 충실해야 합니다. 힘들수록 본질에 집중해야 합니다. 자기 소견대로 행하던 이스라엘 백성이 얼마나 비참하고 초라한 삶을 살았는지를 생각해야 합니다. 하나님의 뜻과 계획과 목적을 목회의 다림줄로 삼아야 건강한 목회를 할 수 있습니다. 저는 이렇게 정리해 놓은 목회 철학과 목회 개념 원리를 정기적으로 리더들과 함께 나누는 소통을 통해 사명 중심의 교회로 이끌어 가고 있습니다.

2장 THE CHURCH DREAMS AGAIN
건강한 성도가
건강한 교회를 세운다

　우리는 하나님의 형상으로 지음받은 엄청난 정신적 능력의 소유자입니다. 영원한 것을 생각하고 썩지 않는 꿈을 꾸라고 부름받은 인간입니다. 그런데 많은 그리스도인이 하나님의 목적을 따라 살지 않습니다. 사소한 일에 목숨을 걸고, 아무것도 아닌 것에 매달리다 죽어갑니다. 그러나 그리스도인은 목숨을 위해 살지 않고 목숨을 걸고 하나님을 섬기며 사는 사람들입니다. 세상의 헛된 것에 인생을 걸지 않고 생명을 주시는 하나님께 목숨을 거는 것이 진짜 믿음입니다. 믿음을 뜻하는 라틴어 '크레도'는 '심장을 바친다'라는 뜻을 갖고 있습니다. 믿음은 내가 섬기는 하나님께 내 심장을 바치는 영적 결단입니다.

　예수 믿고 죽으려고 교회에 나오는 사람은 아무도 없을 것입니다. 우리는 모두 예수 믿고 구원 받고, 생명 얻고, 복 받으려고 교회에 나왔습니다. 그런데 예수님은 "누구든지 나를 따라오려거든 자기 십자가를 지라."고 말씀하셨습니다. 예수님은 자신을 위해 죽을 사람만 따라오라고 말씀하신 것입니다.

생각해 보면 참으로 난감한 이야기입니다. 그러나 이 말씀에는 역설이 있음을 알아야 합니다. 살고자 하면 죽고, 죽고자 하면 살게 되는 것이 신앙입니다. 오늘날 많은 성도가 예수님을 믿으면서도 사는 게 힘든 이유는 예수님의 말씀대로 자기 십자가를 지고 죽으려고 하지 않기 때문입니다. 그러나 죽는 것이 다시 사는 길입니다.

신앙의 본질은 내 생각과 주장이 죽고, 하나님의 뜻이 이루어지는 것입니다. 내 자존심과 교만이 죽고, 하나님의 말씀이 사는 것입니다. 나는 죽고 그리스도를 믿는 믿음 안에서 사는 것입니다. 갈라디아서 2장 20절에 보면 "내가 그리스도와 함께 십자가에 못 박혔나니 그런즉 이제는 내가 사는 것이 아니요 오직 내 안에 그리스도께서 사시는 것이라."고 말합니다. 믿음은 내 심장 대신에 예수님의 심장을 달고 사는 것입니다. 갈라디아서 2장 20절에 보면 이렇게 말씀합니다. "이제 내가 육체 가운데 사는 것은 나를 사랑하사 나를 위하여 자기 자신을 버리신 하나님의 아들을 믿는 믿음 안에서 사는 것이라." 내가 죽고 예수님을 내 인생의 새로운 주인으로 모시는 것이 참 신앙입니다. 내가 죽어 예수가 살아야, 내가 살고 가정이 살고 교회가 삽니다. 주님은 요한복음 12장 24절에서 이렇게 말씀하십니다. "내가 진실로 진실로 너희에게 이르노니 한 알의 밀이 땅에 떨어져 죽지 아니하면 한 알 그대로 있고 죽으면 많은 열매를 맺느니라." 그런데 교회 안에는 하나님을 믿는다고 하면서도 죽지 않고 한 알 그대로 남아 있는 사람이 너무나 많습니다. 그래서 교회가 죽는 것입니다. 하나님은 하나님을 위해 죽을 사람을 찾으십니다. 목숨을 위해 살지 않고 목숨을 걸고 하나님을 섬기는 진짜 신앙인을 찾고 계십니다.

공개된 하나님의 비밀 계획

세상에 대한 하나님의 목적이 명확하게 나타나 있는 말씀 중 하나는 베드로전서 2장 9절입니다. "그러나 너희는 택하신 족속이요 왕 같은 제사장들이요 거룩한 나라요 그의 소유가 된 백성이니 이는 너희를 어두운 데서 불러내어 그의 기이한 빛에 들어가게 하신 이의 아름다운 덕을 선포하게 하려 하심이라." 이 말씀에는 세상에 대한 하나님의 계획이 명확하게 드러나 있습니다. 첫 번째로 모든 성도가 하나님이 택하신 족속이라는 것입니다. 예수님을 구주로 믿는 사람은 누구든지 하나님의 자녀가 되는 축복을 받았습니다. 두 번째로 모든 성도는 왕 같은 제사장이라고 말합니다. 원래 하나님께 나아가 섬기는 일은 성별된 제사장에게만 주어진 거룩한 특권이었습니다. 그러나 이제는 모든 성도가 하나님께 나아가 섬길 수 있는 영적 제사장이 되었습니다 다막 15:38. 모든 성도는 하나님을 섬기는 일을 위해 부름받은 사역자입니다. 세 번째로 모든 성도는 하나님의 소유된 백성입니다. 하나님의 소유된 백성은 교회를 의미합니다. 고린도전서 1장 2절에 보면 교회는 '하나님의 소유가 된 백성들의 공동체'라고 말합니다. 또 사도행전 20장 28절에 보면 교회는 '자기 피로 사신 교회'라고 선언하고 있습니다. 하나님은 예수 그리스도의 피 값 위에 교회를 세우셨고, 예수님은 교회를 통해 하나님 나라를 세워 가십니다. 에베소서 3장 21장에 보면 예수 안에서와 교회 안에서 하나님의 영광이 충만하게 될 것이라고 말씀합니다. 성경은 예수 안에서와 교회 안에서를 동일하게 보고 있습니다. 교회는 곧 그리스도의 몸이기 때문입니다. 네 번째로 모든 성도는 거룩한 나라입니다. 거룩한 나라는 세상 나라와 구별된 하나님의 나라를 의미합니다. 그리스도인은 하나님 나라를 위해 살도록 부름받았습니다. 그러므로 하나님의 통치와 다스림을 받으며 세상 속에서 하나님 나라 확장을 위해 일하는 사역자로 살아야 합니다.

교회는 교회 이상이다

교회는 교회 이상입니다. 교회는 예수님과 동일시되는 그리스도의 거룩한 몸이기 때문입니다. 교회는 예수님의 피로 구원받은 살아있는 유기체입니다. 교회는 서로의 삶을 나누며 살아가는 그리스도의 공동체입니다. 교회는 세상에 존재하지만 하나님 나라를 향해 나아가는 거룩한 공동체입니다. 비록 교회가 모순과 문제가 많아 보여도 세상에 유일한 희망은 오직 교회뿐입니다. 하나님 나라는 오직 교회 공동체를 통해서만 이루어지기 때문입니다. 지금 우리에게 절실히 필요한 것은 이런 교회 공동체의 본질을 회복하는 것입니다. 형태만 교회가 아니라 본질이 교회가 되어야 합니다. 예수님은 본질이 회복된 진짜 교회를 통해 이 땅에 하나님 나라를 세우십니다. 교회는 세상에 보이지 않는 하나님 나라의 실체를 보여주고, 하나님의 능력을 증명해야 할 막중한 책임이 있습니다. 그런데 불행히도 오늘날 교회는 그 힘을 잃어가고 있습니다. 본질을 잃어버린 교회는 세상에 하나님에 대한 많은 오해를 불러일으키고 있습니다. 교회는 교회 되어야 합니다. 교회의 본질이 되살아나고, 교회의 원래 사명이 실현되는 원형의 모습으로 돌아가야 합니다.

교회는 건물이 아니라 사람이다

성경에서 교회라는 단어를 집중적으로 사용한 사람은 사도 바울입니다. 사도 바울이 말한 교회의 의미가 무엇인지를 알면 교회의 개념을 정확히 이해할 수 있습니다. 오늘날 교회는 다양한 의미로 사용되고 있습니다.

1) 예수 믿는 사람들이 모이는 건물
2) 예수 믿는 사람들로 이루어진 특정한 교파
3) 세상의 모든 그리스도인. 그러나 바울이 교회라는 단어를 사용할 때는 특정지역에 있는 그리스도인의 연합체를 의미한 것입니다. 바울은 그리스도인의 정기적인 모임을 언급하거나, 가정에서 모이는 작은 그룹이든 큰 도시 전체의 교회 공동체든 상관없이 정기적으로 모이는 그리스도인의 모임을 언급할 때 이 단어를 사용했습니다.

고린도전서 1장 2절에 보면 "고린도에 있는 하나님의 교회 곧 그리스도 예수 안에서 거룩하여지고 성도라 부르심을 받은 자들과 또 각처에서 우리의 주 곧 그들과 우리의 주 되신 예수 그리스도의 이름을 부르는 모든 자들에게"라고 말하는데 여기서 말하는 교회는 '에클레시아'입니다. 이 단어는 신약성경에 115번 나오는데 그중 3번은 회중assembly으로 번역되고, 112번은 교회로 번역되었습니다. '에클레시아'라는 단어는 한 무리의 사람들을 의미하는 집합명사로 '밖에서 안으로 부르심을 입은 사람들'이라는 뜻을 가지고 있습니다. 성경에 등장하는 에클레시아라는 단어는 구원 받은 모든 사람의 총칭으로도 사용되었으나엡 1:22-23, 대부분 도시와 동일시한 지역교회의 의미로계 2:8 100번 정도 사용되었습니다. 그러므로 성경에서 말하는 교회는 건물이 아니라 예수 믿는 사람들을 의미하며, 어떤 기관이 아니라 유기체를 의미합니다Not Organization But Organism. 즉 교회는 예배드리는 장소가 아니라 성도들의 공동체입니다.

성경은 교회가 건물이 아니라 예수님의 피로 맺어진 떼려야 뗄 수 없는 사람들이라는 것을 설명하기 위해 '함께 지어져 가는 건물'로 표현하고 있습니다. 에베소서 2장 20-22절에 보면 "너희는 사도들과 선지자들의 터 위에 세우심을 입은 자라 그리스도 예수께서 친히 모퉁잇돌이 되셨느니라 그의 안에서 건물마다 서로 연결하여 주 안에서 성전이 되어 가고 너희도 성령 안에서 하나님이 거하실 처소가 되기 위하여 그리스도 예수 안에서 함께 지어져 가느니라."고 말씀하고 있는데, 이는 교회가 건물로서의 예배당이나 장소가 아니라, 건물처럼 함께 지어져 가고 성장하는 존재이자 관계임을 알려주고 있습니다.

교회는 하나님의 가족이다

에베소서 2장 19절에 보면 성경은 교회를 하나님의 가족으로 설명하고 있습니다. "그러므로 이제부터 너희가 외인도 아니요 나그네도 아니요 오직 성도들과 동일한 시민이요 하나님의 권속이라." 또 갈라디아서 6장 10절에서는 "그러므로 우리는 기회 있는 대로 모든 이에게 착한 일을 하되 더욱 믿음의 가정들에게 할지니라."고 말씀하고 있습니다. 이처럼 교회는 영적인 가족으로서 서로를 책임지고 돌보며 사랑하는 공동체입니다. 흔히 교회의 분위기가 좋으면 '가족 같다'라는 말을 하는데 가족 같은 것이 아니라 교회는 실제로 예수님의 피로 하나 된 영적 가족입니다.

교회는 운명 공동체이다

성경에 보면 교회를 한 몸이라고 강조하고 있습니다. "이는 성도를 온전하게 하여 봉사의 일을 하게 하며 그리스도의 몸을 세우려 하심이라엡 4:12", "이와 같이 우리 많은 사람이 그리스도 안에서 한 몸이 되어 서로 지체가 되었느니라롬 12:5", "떡이 하나요 많은 우리가 한 몸이니 이는 우리가 다 한 떡에 참여함이라고전 10:17", "그리스도의 평강이 너희 마음을 주장하게 하라 너희는 평강을 위하여 한 몸으로 부르심을 받았나니 너희는 또한 감사하는 자가 되라골 3:15." 몸은 선택이 아니라 운명입니다. 우리는 혼자 하나였지만, 둘이 하나 되고, 셋이 하나가 됩니다. 예수님을 구주로 믿는 모든 사람은 그리스도 안에서 한 몸입니다. 그리고 그 몸의 머리는 예수님이십니다엡 4:15-16. 한 몸은 함께 생존합니다. 하나님 나라에 독불장군은 없습니다. 『뿌리 깊은 영성』의 저자인 강준민 목사의 말처럼 교회에서 가장 나쁜 사람은 '나뿐인 사람'입니다. 한 몸은 떼려야 뗄 수 없는 운명 공동체입니다.

교회는 영적 신비이다

성경은 교회의 하나 됨에 대한 영적 신비를 부부 관계로 설명하고 있습니다. 에베소서 5장 31-32절에 보면 "그러므로 사람이 부모를 떠나 그의 아내와 합하여 그 둘이 한 육체가 될지니 이 비밀이 크도다 나는 그리스도와 교회에 대하여 말하노라"고 말합니다. 이처럼 교회는 부부가 둘이 합하여 하나가 되는 것과 같이 한 몸이 되는 것입니다. 전혀 모르던 두 사람이 만나 부부가 되는 것처럼 교회도 모르던 사람들이 만나 그리스도의 피로 한 공동체가 되는 것입니다. 또한 교회는 부부처럼 영적 자녀를 낳으며 가족을 이루어가고, 순종과 사랑으로 하나 됨을 유지합니다. 하나님은 인간이 하나님의 뜻에 따라 공동체로서 행복을 누리기를 원하십니다. 교회는 그리스도 안에서 하나 된 운명 공동체이기 때문입니다. "내게 주신 영광을 내가 그들에게 주었사오니 이는 우리가 하나가 된 것 같이 그들도 하나가 되게 하려 함이니이다 곧 내가 그들 안에 있고 아버지께서 내 안에 계시어 그들로 온전함을 이루어 하나가 되게 하려 함은 아버지께서 나를 보내신 것과 또 나를 사랑하심 같이 그들도 사랑하신 것을 세상으로 알게 하려 함이로소이다요 17:22-23."

교회는 하나님의 꿈이다

교회는 종교적인 의식을 치르거나 예배드리기 위해 모이는 장소가 아닙니다. 교회는 하나님께서 가장 아끼는 피조물에 대한 그분의 꿈입니다. "자기 앞에 영광스러운 교회로 세우사 티나 주름 잡힌 것이나 이런 것들이 없이 거룩하고 흠이 없게 하려 하심이라엡 5:27." 그래서 요한계시록 22장 16절에 보면 "나 예수는 교회들을 위하여 내 사자를 보내어 이것들을 너희에게 증거하게 하였노라."고 말씀하고 있습니다. 교회는 예수님의 피로 구원 받은 살아있는 유기체로서 함께 하나님 나라를 향해 나아가는 그리스도의 공동체입니다. 한편 예수님은 마태복음 16장 18절에서 이렇게 말씀하셨습니다. "또 내가 네게 이르노니 너는 베드로라 내가 이 반석 위에 내 교회를 세우리니 음부의 권세가 이기지 못하리라." 그런데 오늘날 교회가 그 힘과 빛을 잃고 있습니다. 교회가 살아야 세상이 삽니다. 교회가 살아야 가정이 삽니다. 교회가 살아야 민족이 삽니다. 교회는 이 땅을 위해 예수 그리스도의 피 값을 주고 세우신 하나님의 꿈이기 때문입니다행 20:28.

교회의 본질은 공동체이다

교회가 하나님의 공동체라는 사실은 성경에 수도 없이 강조되고 있습니다. 그래서 데니슨은 "인간은 혼자면 인간이 아니다."라고까지 말했습니다. 하나님은 하나 된 공동체를 통해 하나님 나라를 건설하기 원하십니다. 그러므로 이 땅에 그리스도의 영향력과 하나님 나라를 회복하려면 교회의 공동체성이 먼저 회복되어야 합니다. 어떤 사람들은 교회의 공동체성 회복에 대해 불가능한 이상이라고 부정적으로 말합니다. 그러나 교회가 공동체인 것은 교회의 본질이며 목적입니다.

물론 하나님의 공동체가 갑자기 이루어지는 것은 아닙니다. 구호나 표어로 만들어지는 것도 아닙니다. 한 사람 한 사람의 삶이 묶이고 엮인 소그룹목장 혹은 셀로부터 시작해야 합니다. 진정한 섬김과 사랑과 나눔이 있는 소그룹을 통해 하나님의 공동체를 경험하게 되는 것입니다. 그리고 이런 소그룹 공동체를 통해 하나 된 교회 공동체가 세상에 영향력을 끼치게 되는 것입니다.

그리스도를 향한 사랑, 교회

헝가리가 공산 치하에 놓여 있을 때 자유를 갈망하는 어떤 헝가리 시인은 이런 시를 썼습니다. "나는 내가 사랑하는 아내와 아이들을 위해서라면 내 목숨이라도 바치리 그러나 조국의 자유를 위해서라면 내 아내와 자녀까지 바치리." 저는 이 시를 읽고 많은 감동을 받았습니다. 오늘날 어떤 사람들은 교회보다 가정이 더 중요하다고 주장하기도 합니다. 물론 건강한 가정 공동체와 건강한 교회 공동체의 균형은 신앙생활의 양 날개와도 같습니다. 그러나 엄밀히 말하면 예수님의 피 값을 주고 사신 교회를 위해서라면 아브라함이 이삭을

드린 것처럼 교회를 우선순위로 놓아야 합니다. 하나님이 아브라함을 의롭다고 여기신 것도 오직 하나님을 가장 중요한 삶의 우선순위에 놓았기 때문입니다. 예수님도 예수님을 따르려면 부모와 처자와 심지어 형제보다도 예수님을 우선순위에 놓아야 한다고 가르치십니다. 교회는 예수 그리스도의 피 값으로 세워진 거룩한 하나님의 공동체이기 때문입니다고후 11:23-28. 그래서 길버트 빌지키언 박사는 "그리스도께서 사랑하시는 교회를 사랑하지 않으면서 그리스도를 사랑한다고 하는 사람은 그리스도를 정말로 사랑하지 않는 것이다. 그리스도를 향한 참된 사랑은 반드시 교회에 대한 사랑으로 나타난다."라고 강조하고 있습니다.

3장 THE CHURCH DREAMS AGAIN
건강한 교회에는 균형이 있다

영적 체질을 개선해야 한다

꿈의 교회는 침례교단에서 가장 먼저 세워진 교회 중 하나로서 2016년이면 창립 120주년이 됩니다. 원래는 공주침례교회로 창립되었으나 2003년 7월 새로운 성전을 건축하고 이전하면서 '꿈의 교회'로 이름을 바꾸게 되었습니다. 2015년 현재 공주시는 면단위까지 포함해서 11만 3천 명의 인구가 사는 도농복합형 지방 도시입니다. 또한 사방이 유명한 절마곡사, 동학사, 갑사, 신원사로 둘러싸여 있어 불교세가 강한 도시입니다. 뿐만 아니라 계룡산 근처에는 샤머니즘과 온갖 미신이 득세하고 향교를 비롯한 뿌리 깊은 유교 문화와 충청도 양반이라는 체면 문화가 있어 기독교에 마음을 열기 힘든 환경이었습니다. 또 도시가 작다보니 인맥, 학맥으로 서로 강하게 연결되어 있어 믿음의 역사가 없이는 전통적인 교회에서 건강한 교회로 전환하기가 힘든 상황이었습니다.

꿈의 교회는 이런 악조건에도 불구하고 공주라는 중소도시의 전통교회를 넘어 대전과 세종에 성전을 둔 멀티 사이트 캠퍼스 교회로 부흥하였습니다. 모든 성도가 사역자로 섬기는 교회로 변화되었습니다. 또한 자발적인 섬김과 헌신을 통해 중소도시에서는 감히 시도할 수 없는 많은 사역을 행함으로 지역 사회에 거룩한 복음의 영향력을 끼치는 새로운 교회로 부흥하였습니다. 가장 중요한 동력은 강권적인 하나님의 간섭하심과 성령님의 역사였습니다. 두 번째는 균형 잡힌 목회 철학과 사역 원리를 추구해온 결과입니다. 세 번째는 원로목사님과 함께 사역했던 핵심 리더들이 겸손히 이선으로 물러나 새로운 일꾼들이 마음껏 섬길 수 있도록 영적 후원자 역할을 해주셨기 때문입니다. 네 번째는 젊은 목사인 제가 선포한 비전에 기꺼이 동참하여 한마음으로 헌신한 성도들이 있었기 때문입니다. 이 중 어느 한 가지라도 부족했다면 오늘날의 꿈의 교회가 되지 못했을 것입니다.

건강한 교회의 균형

건강한 교회는 교회의 공동체적인 본질과 다섯 가지 사명이 균형을 이루며 부흥하는 교회입니다. 『한국교회 미래 리포트』라는 책을 보면 '하나님을 높이고 사람을 세우는 것'의 균형이 맞아야 한국 교회가 부흥한다고 지적합니다. 성도들이 예배자가 되는 것뿐만 아니라 봉사자가 되도록 해야 한다고 강조합니다. 건강한 교회의 키워드는 '균형'입니다. 하나님이 교회를 세우신 목적에 따라 균형을 이루는 교회가 건강한 교회입니다. 건강한 교회의 균형에는 몇 가지가 있습니다.

첫째, 공동체적인 본질과 교회 사명의 균형을 이루는 교회가 되는 것입니다. 성도의 삶Being과 사역Doing에서 균형이 이뤄져야 합니다. 둘째, 교회의 양적 성장과 질적 성숙이 균형을 이뤄야 합니다. 이것은 하나님의 자녀 됨과 자녀다움의 균형이 이뤄지는 것을 의미합니다. 셋째, 하나님 말씀의 능력과 성령의 능력이 균형을 이루는 교회가 되는 것입니다. 지성과 영성의 균형이 이뤄지는 교회가 건강한 교회입니다. 양육 훈련에 대한 열망과 예배의 열정이 균형을 이뤄야 합니다. 넷째, 오라와 가라의 균형을 이루는 교회가 되는 것입니다. 땅 끝까지 가서 복음을 증거 하는 교회가 되어야 합니다. 다섯째, 축복과 헌신의 균형이 이루어지는 교회입니다. 축복은 목표가 아닙니다. 헌신을 위한 시작일 뿐입니다. 많은 성도가 성공하기를 원합니다. 그러나 진정한 성공은 하나님의 목적대로 하나님의 자녀답게, 하나님의 사역자답게 살아가는 것입니다. 성공은 하나님 나라를 위한 거룩한 도구일 뿐입니다. 여섯째, 개인 구원과 사회 참여의 균형이 이루어져야 합니다. 개인의 축복과 사회에 대한 책임이 균형을 이루는 교회가 되는 것입니다. 성도는 형통의 복을 받는 사람들입니다. 성도는 받은 형통의 복을 세상 사람들에게 유통해야 합니다. 일곱째, 리더의 섬김과 성도의 존경이 균형을 이루는 교회입니다. 건강한 교회는 존경받는 리더와 사랑받는 성도가 균형을 이루는 교회입니다. 여덟째, 소그룹과 예배의 균형이 이루어지는 교회입니다. 크게 모여 예배하지만, 작게 모여 교제하는 삶의 균형이 이루어져야 합니다. 아홉째, 영성과 경영의 균형이 이루어져야 합니다. 주님은 "비둘기처럼 순결하게 뱀처럼 지혜롭게" 행하라고 가르쳐 줍니다. 교회는 영적인 주식회사입니다. 영적인 내용을 가지고 거룩한 경영이 이뤄져야 합니다. 열째, 비전과 열정의 균형이 이루어지는 교회입니다. 비전이 있으면 열정은 자연스럽게 생기게 되어 있습니다. 냉철한 비전과 뜨거운 열정이 균형을 이루는 교회가 건강한 교회입니다. 열한째, 하나님을 높이고 사람을 세우는 것의 균형이 이루어져야 합니다. 하나님께는 영광이 되고 성도들에게는 행복을 주는 교회가 되어야 합니다. 열두째, 앎과 삶의 균형이 이루는 교회입니다. 삶이 없는 앎은 죽은 것입니다. 그래서 성경은 행함이 없는 믿음은 죽은 믿음이라고 했습니다. 믿음은 허상이 아니라 실상이며, 이론이 아니라 삶의 실재이기 때문입니다. 그러나 건강한 교회임에도 불구하고 부흥하지 않는다면 하나님의 때를 기다리며 인내해야 합니다. 하나님은 하나님의 때에 일하시기 때문입니다.

말씀의 의식화와 생활화의 균형

앤드류 카네기Andrew Carnegie는 "오로지 홀로 해내려 하거나 또 그렇게 함으로써 모든 명성을 혼자 받기 원한다면 결코 위대한 지도자가 될 수 없다."고 말했습니다. 건강한 교회는 목사가 주인공이 되는 교회가 아니라 사역자로 섬기는 성도들이 주인공이 되는 교회입니다. 목사가 주목받는 교회가 아니라, 섬기는 사역자들이 주목받는 교회입니다. 건강한 교회는 건물을 세우는 교회가 아니라 사람을 세우는 교회입니다. 사람을 세우기 위해서는 체계적인 양육 훈련이 필수입니다. 사람은 교육을 통해 변하고, 교육을 통해 성숙해지기 때문입니다. 모든 성도를 사역자로 세우는 양육 훈련에는 다음의 두 가지 내용이 균형을 이뤄야 합니다. 말씀의 의식화와 말씀의 생활화입니다. 양육 훈련의 최종 목표는 성도들이 배운 지식이말씀의 의식화=앎 삶의 현장 속에서 존재가말씀의 생활화=삶 되게 하여 하나님 나라를 위한 사명자로말씀의 사명화=함 살게 하는 것입니다. 믿음의 말씀을 믿음의 실재가 되도록 만드는 것이 양육입니다.

마귀는 성도들을 유혹할 때 하나님의 말씀보다는 개인의 경험에 근거하여 결정하라고 유혹합니다. 그러나 인생은 감으로 사는 것이 아니라 하나님의 말씀으로 사는 것입니다. 예수님도 사람이 떡으로 살 것이 아니라 하나님의 말씀으로 살라고 말씀하셨습니다. 히브리서 4장 12절에 보면 "하나님의 말씀은 살아 있고 활력이 있어 좌우에 날선 어떤 검보다도 예리하여 혼과 영과 및 관절과 골수를 찔러 쪼개기까지 하며 또 마음의 생각과 뜻을 판단하나니."라고 말합니다. 말씀은 사람을 변화시키는 영적 능력입니다. 말씀이 사람의 생각과 마음을 변화시킵니다. 오늘날 교회 안에는 말씀에 무식한데 영적인 소신을 갖고 있는 사람들이 있습니다. 성경에 나오는 베뢰아 성도들처럼 하나님의 말씀을 사모함으로 공부해야 합니다. 하나님을 아는 지식에서 자라가야 신천지 같은 이단에 빠지지 않고 진리와 생명의 메시지로 살아갈 수 있습니다. 건강한 목회는 성도를 말씀으로 의식화를 시키고, 말씀을 생활화하도록 만드는 것입니다.

말씀의 의식화를 위한 네 가지 티칭 원리

로마서 10장 17절에 보면 "그러므로 믿음은 들음에서 나며 들음은 그리스도의 말씀으로 말미암았느니라."고 가르쳐줍니다. 성도들이 하고 싶은 일을 하는 것이 아니라, 해야 할 일이 무엇인지를 가르쳐야 합니다. 성도들이 듣고 싶은 말을 해주는 것이 아니라, 들어야 할 말을 듣게 해줘야 합니다. 하나님에 대한 지식이 사람을 변화시킵니다. 성령님은 사람을 감동시키지만 말씀은 사람의 심령과 골수를 쪼개며 사람을 변화시킵니다. 성도들에게 말씀을 가르치고 교육함으로써 말씀으로 의식화가 되도록 만들어야 합니다. 사람은 아는 만큼 믿고, 아는 만큼 행하기 때문입니다.

디모데전서 4장 13절에 보면 "내가 이를 때까지 읽는 것과 권하는 것과 가르치는 것에 전념하라."고 말합니다. 이 말씀에는 말씀의 의식화를 위한 네 가지 티칭 원리가 담겨 있습니다. 첫 번째는 지속적으로 가르치는 것입니다. 바울은 내가 이를 때까지 가르치라고 명합니다. 대부분의 교회에서 실행하고 있는 양육 훈련이 실패하는 이유는 지속적이기 않기 때문입니다. 목회자의 시간과 스케줄에 따라 양육 훈련이 진행되면 안 됩니다. 목사가 양육에 목숨을 거는 열정적인 모습을 보여줄 때 성도는 변화됩니다. 성도들은 양육의 내용에 변화되는 것보다 가르치는 이의 열정을 보고 변화되는 경우가 더 많기 때문입니다. 두 번째는 집중적으로 가르치는 것입니다. 바울은 가르치는 것에 착념하라고 말합니다.

오래 전에 상영된 '주유소 습격 사건'이라는 영화의 명장면에서 유오성은 이런 말을 합니다. "나는 한 놈만 패!" 조폭들이 패거리로 싸움을 하는데 유오성은 오직 한 사람만 팹니다. 다른 사람이 덤벼도 자신이 선택한 한 사람만 공격합니다. 마찬가지입니다. 양육은 집중력에서 승부가 나게 되어 있습니다. 한 사람의 성도가 변화되기 위해서는 집중적인 훈련이 필요합니다.

성도를 집중적으로 가르치기 위해서는 몇 가지 방법이 있습니다. 먼저 멘토링을 통해 가르치는 것입니다. 이것은 일대일로 가르치는 것을 의미합니다. 믿음이 있는 사람이 멘토가르치는 사람가 되고 믿음이 없는 사람은 멘티배우는 사람가 되어 가르치는 것입니다. 만약 이렇게 할 상황이 아니라면 목회자가 일대일로 만날 때마다 말씀의 영향력을 끼쳐야 합니다. 나아가 소그룹을 통해 가르쳐야 합니다. 사람은 일방적인 가르침보다는 소그룹을 통한 상호 작용에 의해 변화됩니다. 소그룹 안에서 서로의 모습을 보며 도전을 받습니다. 소그룹 안에서의 상호 작용을 통해 성장합니다. 소그룹을 통한 가르침에는 두 가지 방법이 있습니다. 하나는 연역법적인 소그룹이고 다른 하나는 귀납법적인 소그룹입니다. 부연해 설명하자면, 연역법적인 가르침은 미리 준비된 학습 내용을 가르치는 것을 의미합니다. 귀납법적인 가르침은 각 사람이 처한 삶의 상황 속에서 나온 주제를 통합해 결론을 도출해 내는 방법입니다. 그런 의미에서 양육 훈련 소그룹은 연역법적인 가르침입니다. 준비된 양육 리더가 정해진 양육 교재를 갖고 가르치는 것입니다. 하지만 일방적인 가르침보다는 그 말씀을 통해 상호 작용이 일어나는 소그룹을 운영해야 효과가 있습니다.

다음은 목장 소그룹을 통한 가르침입니다. 이것은 귀납법적으로 가르치는 방법입니다. 우리 교회는 주일 설교를 목장 교재로 만듭니다. 성도들은 자신들이 소속된 목장에서 자신의 삶을 나누고 목장 교재를 통해 어떻게 말씀대로 살 수 있는지를 나눕니다. 앎이 삶이 되게 하는 것입니다. 나아가 대그룹을 통한 말씀의 의식화는 설교나 세미나 등을 통한 가르침을 의미합니다. 이것은 회중에 대한 말씀의 의식화 과정입니다. 짧지만 주어진 시간설교, 세미나동안 말씀으로 살도록 강력하게 도전해야 합니다. 성도들이 감동을 받고 변화되도록 가능한 모든 방법을 사용해 가르쳐야 합니다. 우리 교회는 모든 성도를 사역자로 세우기 위한 다양한 세미나를 개최해 말씀으로 의식화가 되도록 가르치고 있습니다. 교사 세미나, 목자 세미나, 멘토 세미나 등 다양한 세미나를 정기적으로 혹은 기회가 될 때마다 개최하는 것이 중요합니다.

세 번째는 반복해서 가르치는 것입니다. 바울은 "읽는 것과 권하는 것과 가르치는 것에 전념하라."고 말합니다. 다시 말하면 읽고 권하고 가르치는 과정의 반복을 강조하는 것입니다. 교육 중에 최고의 교육은 반복입니다. 성도들이 말씀으로 의식화가 되도록 계속해서 말씀을 반복해야 합니다. 강준민 목사는 이렇게 강조합니다. "인생은 누구를 가까이 하느냐에 따라 결정된다. 접촉은 변화를 낳는다. 반복된 접촉은 기적을 낳는다. 좋은 접촉은 좋은 기적을 낳고 나쁜 접촉은 나쁜 기적을 낳는다. 좋은 사람, 좋은 책, 그리고 좋은 언어와 자주 접촉하면 자신도 좋게 변화되지만 나쁜 사람, 나쁜 책, 나쁜 언어와 자주 접촉하면 자신도 그렇게 변화된다. 반복된 접촉이 무서운 것이다. 반복은 습관을 낳고 결과를 만든다." 성도들이 말씀으로 의식화되도록 지루하지 않고 재미있게 계속해서 반복해 가르쳐야 합니다.

네 번째는 다양하게 가르치는 것입니다. 이는 다양한 방법을 사용해 가르치라는 의미입니다. 저는 양육훈련에 많은 방법을 동원하고 다양한 자료를 사용합니다. 시각 자료를 사용하지 않을 때 38%의 목표를 달성하고 시각 자료를 사용하는 경우 67%의 목표를 달성한다고 합니다. 특별히 청중의 동의를 구해야 할 때 시각 자료를 사용했을 경우 79%를 설득할 수 있고, 말로만 했을 경우 58%를 설득할 수 있습니다. 내가 무엇을 말하고 가르쳤느냐보다 성도들이 무엇을 배우고 기억했느냐가 더 중요합니다. 성경에 보면 하나님도 하나님의 백성들이 하나님의 말씀대로 살아가도록 만들기 위해 다양한 방법을 통해 말씀하셨습니다. 예수님은 공중에 나는 새를 보라고 말씀하십니다. 수많은 비유를 통해 설명하십니다. 땅에 글씨를 쓰기도 하셨습니다. 심지어 선지자들은 자기 옷을 찢기도 했습니다. 머리에 재를 뿌리기도 했습니다. 저도 양육훈련을 하면서 다양한 방법을 사용해 가르칩니다. 예를 들어 예수님짜리 양육훈련을 하면서 오만원 짜리를 구겨서 던지고 밟습니다. 그리고 묻습니다. 이게 얼마짜리입니까? 여러분이 사람들에게 아무리 짓밟혀도, 여러분이 처한 환경이

나 상황, 자신의 능력이나 지위와 관계없이 여러분이 하나님의 귀한 자녀라는 가치는 변하지 않는다고 가르칩니다. 복음과 진리에 위배되지 않는 한 모든 성도를 사역자로 세우기 위해 최선을 다해 가르쳐야 합니다.

믿음은 이론이 아니라 실제 상황이다

모든 성도를 사역자로 세우기 위해서는 성도들이 말씀을 생활화하도록 만들어야 합니다. 야고보서 1장 22절에 보면 "너희는 말씀을 행하는 자가 되고 듣기만 하여 자신을 속이는 자가 되지 말라."고 말합니다. 오늘날 성도들은 심각한 위험에 처해 있습니다. 성도들이 깨닫거나 새로 발견한 진리를 삶에 적용하지 않은 상태에서 더 많은 설교, 성경공부, 세미나에 참석하는 것입니다. 이 때문에 어떤 성도들은 신앙의 내용이나 능력이 없는 그럴듯한 종교인으로 굳어가고 있습니다. 믿음과 현실은 구분될 수가 없습니다. 믿음이 삶이고 믿음이 인생입니다. 믿는다면 믿는 대로 살아야 합니다. 삶 속에서 말씀대로 살도록 만들어야 합니다. 예수님은 성도들이 예수님을 따르는 제자에 머무르는 것이 아니라 그리스도인이 되기를 기대하십니다. 사도행전 11장 26절에 보면 "만나매 안디옥에 데리고 와서 둘이 교회에 일 년간 모여 있어 큰 무리를 가르쳤고 제자들이 안디옥에서 비로소 그리스도인이라 일컬음을 받게 되었더라."고 말합니다. 그리스도 안에서 그리스도를 향하여 그리스도를 위하여 그리스도처럼 살아가도록 만들어야 합니다. 영성의 대가 유진 피터슨은 "제자도란, 자기가 믿는 바를 생활 속에서 실천하는 것"이라고 강조합니다.

말씀의 생활화를 위한 제언

성도들이 삶 속에서 말씀을 생활화하기 위한 첫 번째 방법은 목장교회를 통해 가르치는 것입니다. 우리 교회는 자체 제작한 목장교재를 사용합니다. 꿈의 교회는 성도들이 설교를 듣기만 하는 것이 아니라 자신의 삶에 적용할 수 있도록 만드는 것에 목표를 가지고 있습니다. 성도들은 말씀에 자신의 삶을 비춰보며 일주일 동안의 삶을 진단해야 합니다. 영적 의문에 대한 해답을 목장 안에서 발견할 수 있어야 합니다. 성경에 보면 제자들은 예수님이 없을 때 귀신 들린 아이를 고치지 못했습니다. 제자들이 쩔쩔매고 있을 때 예수님이 나타나셔서 아이를 고쳐주셨습니다. 마가복음 9장 28-29절에서 그날 저녁 제자들은 예수님께 그 이유를 물었습니다. "집에 들어가시매 제자들이 조용히 묻자오되 우리는 어찌하여 능히 그 귀신을 쫓아내지 못하였나이까 이르시되 기도 외에 다른 것으로는 이런 종류가 나갈 수 없느니라 하시니라." 예수님께서는 기도 외에는 이런 능력이 나갈 수 없다고 가르쳐주십니다. 이것이 바로 목장 모임입니다. 성도들은 목장 안에서 자신이 해결하지 못한 문제에 대한 영적인 해결 방법을 배웁니다.

성도들이 목장을 통해 배울 수 있는 구체적인 유익은 다음의 다섯 가지로 요약할 수가 있습니다. 첫째, 삶 속에서 생겨나는 질문들을 통해 하나님의 뜻을 배운다. 둘째, 목자의 삶과 멘토링을 통해서 그리스도인의 삶을 배운다. 셋째, 목원 상호 간에 나누는 간접경험을 통해 성도의 사랑을 배운다. 넷째, 삶의 나눔과 독서를 통해 사역자의 삶을 배운다. 다섯째, 목장교재를 같이 공부함으로 말씀이 존재가 되는 것을 배운다. 만일 설교 말씀을 목장교재로 만들기 어렵다거나 목장 모임 자체가 없는 교회라면 기존의 구역 모임을 무리하게 목장으로 바꾸려고 하지 말고, 『생명의 삶』 등의 기존 큐티 교재들을 활용해 소그룹 안에서 말씀과 삶을 나누는 것도 말씀의 생활화를 돕는 한 방법이 될 수 있습니다.

변화를 만드는 오성터치

성도들이 말씀을 생활화하도록 만드는 두 번째 방법은 전인적인 가르침의 방법을 사용하는 것입니다. 저는 이것을 '오성터치 양육'이라고 부릅니다. 사람은 지식이 있다고 변하지 않습니다. 사람마다 기질이 다르고, 살아온 삶의 문화가 다르고, 믿음이 다르기 때문입니다. 사람들의 변화를 위해서는 전인적인 가르침이 있어야 합니다. 사람이 변화되는 것은 하나님이 터치하시면 한 번에 가능하기도 하지만, 원래 사람이라는 존재는 완악해서 다양한 부분을 동시에 터치할 때 더 빠르게 변화됩니다.

첫째, 인성터치입니다. 사람은 보면서 배웁니다. 상호 간의 인격적인 관계와 삶의 모범을 통해서 배우게 되어 있습니다. 바울은 고전 11장 1절에서 "내가 그리스도를 본받는 자 된 것같이 너희는 나를 본받는 자 되라."고 말씀합니다. 사람은 잔소리로 변화되는 것이 아닙니다. 모범이 될 만한 사람을 보고 변화됩니다. 교회 안에 말씀이 없어서 망하는 것이 아닙니다. 사람이 없어서 망하는 것입니다. 철저한 말씀 양육으로 한 사람을 얻을 수는 있지만, 실망스러운 그리스도인의 삶으로 백 사람을 실족시키고 맙니다. 말씀을 가르치는 것도 중요하지만 가르치는 말씀을 지지할 만한 인격이 리더에게 없기 때문에 냉소적이 되는 것입니다. 성도들은 목사와 리더의 말을 듣는 것이 아니라, 그들의 삶을 봅니다. 그래서 앎이 삶이 되는 그리스도인의 인성 터치 양육이 중요합니다.

둘째, 지성터치입니다. 하나님을 아는 지식이 사람을 변화시킵니다. 성경은 하나님을 아는 지식에서 자라가라고 말씀하십니다. 우리 교회는 이를 위해 성도들의 성장을 위한 각종 세미나를 개최합니다. 매달 좋은 책을 읽도록 추천하며 양육 훈련 중에도 책을 읽도록 권면합니다. 하나님을 바르게 알도록 가르쳐야 삶이 변합니다. 특별히 저는 저에게 주례를 부탁한 신랑·신부가 세 권의 필독서를 독후감으로 제출하지 않으면 주례를 해주지 않습니다. 또한 우리 교회의 장로가 되려면 15-24권의 필독서를 읽고 홈페이지에 독후감을 올려야 합니다. 처음 목자를 세울 땐 몇 십 권의 책을 읽게 했고, 신임 교역자들도 부임 전 15권 이상의 책을 사주고 읽게 합니다. 책은 단순한 독서가 아니라 지혜로운 멘토를 만나는 일입니다. 이러한 지성 터치 양육은 사람을 변화시킵니다.

셋째, 감성터치입니다. 존 맥스웰은 "자기 자신을 이끌려면 당신의 머리를 사용하고 다른 사람을 이끌려면 가슴을 사용하라."고 말합니다. 사람에게 아무리 많은 지식이 있어도 감동되지 않으면 결단하지 않습니다. 이를 위해 우리 교회는 목자들에게 새로운 열정을 불러일으키기 위한 목자 비전나이트를 비롯해 교사 비전나이트 등을 개최하고 있습니다. 이런 프로그램들은 교회 리더들의 감성터치를 통한 영적 에너지 충전의 기회로 삼고 있습니다. 가정의 회복을 위한 1박 2일 프로그램인 사랑의 순례는 섬김의 감동을 통해 가정이 회복되도록 만드는 대표적인 가정 양육 프로그램입니다. 이 프로그램은 교회 리더들의 섬김으로 성도들에게 깊은 감동을 주며 변화를 추구하고 있습니다. 특별히 '새 가족의 밤'은 교회 리더들의 섬김을 통해 새 가족들이 교회에 잘 정착할 수 있도록 돕는 중요한 행사입니다. 뿐만 아니라, 매년 부활 주일에 맞춰 진행되는 맞춤 예배는 새 가족들을 초청하기 위해 디자인된 말씀의 능력에 감성터치를 더한 꿈의 교회의 대표적인 예배로 자리매김하고 있습니다.

넷째, 영성터치입니다. 러시아 시인 보리스 파스테르나크는 "신기원으로 가는 길은 혁명이나 격변에 의해 개척되는 것이 아니라 영감으로 불타는 인간의 영혼으로 이룩된다."고 말했습니다. 영적인 변화는 영성터치에 의해 가능합니다. 말씀은 사람을 깨닫게 하고, 감성터치는 사람을 결단하게 하지만 성령님은 사람을 변하게 합니다.

다섯째 야성터치입니다. 양육 훈련의 목표는 변화산 정상에 머무르도록 하는 것이 아니라, 성도들로 하여금 세상을 향해 나아가게 만드는 것입니다. 성도는 이 땅을 목표로 사는 것이 아니라, 하나님 나라를 목적으로 사는 사람들이기 때문입니다. 교회는 양육 훈련을 통해 성도는 세상을 변화시키는 하나님의 사역자라는 사실을 알려주고 세상 속에서 당당한 하나님의 사람으로 살아가도록 도전해야 합니다. 각자의 직장과 사업장은 하나님이 주신 선교지이기 때문입니다.

말씀의 생활화는 일이 아니라, 평생 지속해야 할 삶이다

말씀의 생활화는 일회적인 일이 아니라, 평생 동안 지속해야 할 신앙의 과제입니다. 이를 위한 양육 훈련 커리큘럼이 있어야 합니다. 사도행전 19장 9절에 보면 이런 말씀이 나옵니다. "어떤 사람들은 마음이 굳어 순종하지 않고 무리 앞에서 이 도를 비방하거늘 바울이 그들을 떠나 제자들을 따로 세우고 두란노 서원에서 날마다 강론하니라." 바울은 두란노 서원에서 말씀을 가르쳤습니다. 말씀이 체질화 될 때까지 계속해서 집중적으로 가르쳤습니다. 그러나 2년 동안 생각나는 대로 아무거나 가르치지 않았을 것입니다. 그리스도의 장성한 분량에 이르게 하기 위해 단계적으로 가르쳤을 것입니다.

말씀의 생활화를 위해서는 성도들의 신앙수준에 맞는 단계별 양육 커리큘럼을 마련해야 합니다. 히브리서 5장 13절에 보면 "이는 젖을 먹는 자마다 어린 아이니 의의 말씀을 경험하지 못한 자요."고 말합니다. 성도들의 수준에 맞는 양육 훈련이 중요합니다. 성도들의 삶을 변화시킬 수 있는 내용의 양육 훈련을 해야 합니다. 가능하다면 자신의 목회 철학과 성경의 핵심 진리가 어우러진 교재를 만들어 가르치는 것이 가장 좋은 방법입니다. 그렇게 할 수 없다면 좋은 교재를 선별해 성도들의 수준에 알맞게 배치해야 합니다. 아무리 좋은 약도 잘못 사용하면 독이 됩니다.

나아가 재생산할 수 있는 리더들을 세워야 합니다. 교회는 훌륭한 리더를 키우는 데 전념해야 합니다. 성숙한 사람이 다른 성도들을 가르쳐야 합니다. 그러나 모든 성도를 사역자로 세우는 일은 사람의 노력을 통해 이루어지는 것이 아닙니다. 말씀의 능력과 성령의 능력이 균형을 이뤄 움직일 때 가능한 일입니다. 방법이 사람을 변화시키는 것이 아니라 하나님의 말씀과 성령의 능력이 사람을 변화시키기 때문입니다. 그래서 목사는 사람을 키우고 세우는 일에 많은 투자를 해야 하는 것입니다. 경영학자인 짐 콜린스도 위대한 기업을 이루려면 사람을 관리하는 일, 즉 사람을 채용하고, 가르치고, 전도하는 일에 힘써야 한다고 강조했습니다. 이처럼 교회도 리더들을 키우는 일에 집중해야 합니다.

4장 THE CHURCH DREAMS AGAIN
성도가 주인공이 되는 교회

뒤집어 생각하고, 거꾸로 살아가라

　존 맥스웰 목사는 "잠재력은 하나님이 우리에게 준 선물이고, 그 잠재력으로 우리가 성취한 것이 우리가 하나님께 바치는 선물이며 우리의 잠재력은 미처 계발되지 못한 우리의 가장 위대한 자원"이라고 가르칩니다. 하나님은 우리에게 믿음으로 무엇이든 할 수 있는 가능성과 잠재력을 주셨습니다. 그렇기 때문에 모든 성도를 사역자로 세우기 위해서는 모든 성도가 가진 가능성과 잠재력을 계발해야 합니다. 달란트 비유를 통해 배우는 교훈은 우리 인생의 최대 실수와 실패는 감춰놓고 사용하지 않는 것이라는 점입니다. 물론 중소도시나 시골 교회에는 사역자로 세울 만한 사람이 없을 수 있습니다. 그렇기 때문에 성도들의 가능성과 잠재력을 계발해야 합니다. 공주에서 처음 사역을 시작할 때 찬양팀이 필요했는데 마땅한 사람이 없었습니다. 피아노를 약간 칠 줄 아는 자매가 있어서 반주를 부탁했더니 감사하게도 그 자매는 개인 레슨을 받아가며 섬겨 주었습니다. 베이스 기타를 칠 사람도 없었는데 이에 도전 받은 대학생 한 명이 밤낮으로 연습해 두 달 만에 찬양팀을 섬길 수 있을 정도의 수준이 되었습니다. 사람이 없으면 사람을 키울 수밖에 없었습니다. 베이스 기타를 치던 형제는 군대에 갈 때가 되자 후배를 연습시켜서 찬양팀을 맡긴 후 입대했습니다. 독서 사관학교를 만들 때도 처음에는 원하는 분들을 모아 지도자 훈련을 시키고, 그 다음부터는 그분들 중에서 교사를 선발하여 운영하게 했습니다. 사람이 없다고 말하지만 사람은 있습니다. 차근차근 사람을 키워나가면 모든 일을 할 수 있습니다.

재활의학의 아버지로 불리는 하워드 러스크 박사는 '재활이란 장애로 인해 잃어버린 능력을 되찾으려는 것이 아니라, 남아있는 능력을 찾아 개발하는 과정'이라고 강조하고 있습니다. 약점에 집착하는 것이 아니라 우리가 갖고 있는 강점에 집중해야 합니다. 우리가 가진 능력을 가지고 얼마든지 창의적으로 헌신하며 살아갈 수 있습니다. 문제Problem 해결에 중심을 두는 목양적인 목회에 머물지 말고, 성도들의 가능성Possibility에 초점을 맞추는 코칭 목회로 나아가야 합니다. 목회는 안 되는 것을 믿음으로 되게 만드는 영적인 도전입니다. 성도들이 갖고 있는 과거의 정서적, 영적 고통으로부터 회복되도록 도와주는 것과 동시에 성도들이 목표를 설정하고 좀 더 보람 있는 미래를 향해 나아가도록 도와야 합니다. 그래서 새들백교회 릭워렌 목사는 자신의 목회 철학을 10가지 CAN할수있다으로 설명합니다.

1) 그것은 절대로 할 수 없을 것이다. 하지만 그것은 시도할 만한 가치가 있다.

2) 그것은 이루어지지 않을 것이다. 하지만 우리가 해낼 것이다!

3) 그것은 전에 해본 적이 없다. 하지만 우리가 처음으로 시도할 수 있는 기회를 가졌다.

4) 실패한다면 어떻게 될까? 하지만 시도조차 하지 않는다면 어떻게 될 것인가?

5) 우리는 돈이 없다. 하지만 돈은 넉넉한 생각에서 비롯된다!

6) 우리는 시간이 없다. 하지만 우리의 우선순위를 재평가할 수 있다!

7) 우리는 전문 지식이 없다. 하지만 모든 지도자는 배우는 사람이다!

8) 전에 시도된 적이 없다. 하지만 언제나 개선될 여지가 있다. 우리는 보다 현명하다.

9) 그것을 하는 데에는 문제가 따른다. 하지만 가능성을 생각하라!

10) 그 일은 끝이 보이지 않는다. 하지만 다른 각도로 한 번 더 노력해보자!

목사는 성도를 세우는 영적 코치이다

목사는 성도를 세우는 영적인 코치입니다. 그렇기 때문에 모든 성도가 하나님의 사역자라는 분명한 자긍심을 갖게 해줘야 합니다. 나아가 사역자로 섬길 수 있도록 계속해서 격려하고 도전해야 합니다. 뿐만 아니라, 성도들이 사역자의 마인드를 가지고 하나님으로부터 위대한 일을 기대하고Expect Great things from God, 하나님을 위해 위대한 일을 시도하도록 촉구해야 합니다Attempt Great things for God. 성도들이 헌신하며 보고 얻을 사역의 열매를 기대하게 해야 합니다. 모든 성도들이 앞을영적목표 바라보고, 안을내면세계 바라보고, 위를하나님 나라 바라보며 살게 해야 합니다. 목회는 하나님이 성도들에게 주신 모든 은사와 가능성과 능력을 끌어내어 하나님을 위해 사용할 수 있도록 만드는 영적 코치이기 때문입니다. 디모데후서 1장 6절에 보면 바울 사도는 이렇게 말합니다. "그러므로 내가 나의 안수함으로 네 속에 있는 하나님의 은사를 다시 불일듯 하게 하기 위하여 너로 생각하게 하노니."

모든 성도를 사역자로 세우는 시스템

성도들을 사역자로 세우기 위해서는 평신도 중심의 팀 사역 시스템을 유지해야 합니다. 베드로 사도는 효율적인 사역을 위해 새로운 시스템으로 예루살렘 교회를 변화시켰습니다. 바로 일곱 집사의 선출이었습니다. 베드로가 집사를 세운 것은 교회 내에 서열을 만들기 위함이 아니었습니다. 효과적으로 교회와 성도를 섬기기 위함이었습니다. 그런데 오늘날 교회 직분은 성도들을 상하로 구분하는 직위가 되고 말았습니다. 참으로 슬픈 일입니다. 교회의 조직은 성도들이 사역자로 섬길 수 있는 팀 사역 시스템을 갖춰야 합니다.

그래서 꿈의 교회는 교회의 최상급 기관의 성격으로 존재하던 운영위원회를 사역위원회로 명칭을 바꾸었습니다. 교회의 운영은 하나님이 하시고 우리는 단지 사역하고 섬기는 사람이라는 것을 가르치기 위해서입니다. 교회의 모든 직책은 공동체를 세우기 위해 맡겨주신 직분일 뿐 명예를 위한 것이 아닙니다. 모든 성도는 자신의 은사대로 하나님을 섬겨야 합니다. 자신의 능력과 재능을 따라 자기 모양대로 섬길 수 있도록 해야 합니다. 목회자는 평신도 사역자들이 하나님이 자신에게 주신 달란트에 따라 독특하게, 그러나 팀으로 다양하게 함께 사역할 수 있는 환경을 마련해야 합니다.

꿈의 교회에서 제일 먼저 팀 사역 시스템으로 전환한 것은 교회학교였습니다. 상하관계의 부장체제로 경직된 교회의 시스템을 사역중심의 팀 체제로 전환하였습니다(교사양육, 교육행정, 예배실행, 행사진행, 찬양인도 등). 무엇보다 교회학교 처부장들에게 재정을 신청하고 사용할 수 있는 자율권을 부여했습니다. 교회학교를 모르고 아이들의 정서와 상황을 모르는 장로나 교회 재정위원들이 교회학교 재정 집행을 좌지우지하는 것은 코미디입니다. 물론 처부장들이 부처 이기주의로 재정을 사용하지 못하도록 가르치고 조정하는 것은 목회자의 몫입니다. 우리 교회는 가능한 교회 재정 상황 안에서 다음 세대를 위한 투자를 아끼지 않습니다. 그런 철학의 결과로 내일의 주역이 될 교회학교가 부흥하고 있습니다. 두 번째로 구역 조직을 목장교회 시스템으로 전환했습니다. 말 그대로 가까운 지역별로 묶어서 주중 예배를 드리던 구역 조직을 함께 삶을 나누며 서로의 영적 성숙을 돕는 작은 공동체인 목장으로 전환하였습니다. 성도들은 목장 안에서 각자의 역할을 따라 섬기도록 했습니다.

문제는 문제가 될 수 없다

모든 성도가 사역자로 섬기는 교회 시스템으로 전환할 때 예견되는 문제점들도 있습니다. 그중 하나는 사역자, 혹은 사역 팀 간의 분쟁과 갈등입니다. 제한된 공간에서 많은 사역 팀이 공존하기 때문에 벌어지는 갈등도 있고, 사역들 간에 협조가 이루어지지 않아서 발생하는 문제도 있습니다. 이런 분쟁과 갈등을 해결하고 예방하기 위해 리더십 세미나를 통해 함께 섬기는 법을 훈련합니다. 사역 팀 간에 역할 분담이 되지 않아 생기는 문제도 있습니다. 이때는 각 사역 팀의 목적과 목표, 그리고 임무를 확실히 정해줘야 합니다. 또한 각 사역팀을 지원하고 후원하는 일의 형평성 때문에 문제가 발생할 수도 있습니다. 이것은 각 팀에 대한 지원 원칙과 방식을 설득하고 원칙을 지킴으로 해결해야 합니다. 다음으로 사역을 하면서 독불장군처럼 자신의 주장만을 내세우고 권위적으로 팀을 이끌어가는 사역자의 문제가 있습니다. 저는 아무리 탁월해도 팀워크를 이루지 못하는 사람을 팀의 지도자로 세우지 않습니다. 이런 사람은 권면해서 팀과 함께 동역하며 일할 수 있도록 훈련을 시키든지 아니면 다른 사역에 헌신할 수 있도록 지혜롭게 조정해야 합니다.

마지막으로 모든 성도를 사역자로 세우려면 그들이 지치지 않고 최선의 삶을 살도록 격려해야 합니다. 필요에 따라 쉼을 주고 새로운 열정이 생길 수 있도록 도전을 주어야 합니다. 우리 교회는 이를 위해 리더 비전 나이트, 교사 비전 나이트, 목자 비전 나이트, 멘토 비전 나이트 등을 통해 동기부여를 하고 격려하고 있습니다. 회복할 시간이 더 필요한 일부 초기 리더들을 위해서는 안식년 개념의 쉼을 주기도 합니다. 또 다른 해결책으로 내년부터는 이런 분들을 작은 교회로 파송하여 새로운 믿음의 환경에서 재충전할 수 있도록 할 생각입니다. 물론 처음 시도하는 것이라 어떤 반응과 결과가 돌아올지는 아직 모릅니다. 그러나 교회 안에서 새로운 열정으로 도약할 수 없다면 교회 밖에서의 섬김을 통해 새로운 열정을 회복하는 것도 좋은 방법이라 생각됩니다. 이처럼 모든 성도를 사역자로 세우는 일은 우리 교회의 부흥을 넘어 하나님 나라 확장에 기여하는 일입니다.

자연적 교회성장을 주장한 크리스티안 스왓츠는 "성장하는 교회와 성장하지 못하는 교회의 차이점을 가장 잘 나타내는 부분이 사역자를 세우는 일"이라고 말합니다. 건강한 교회를 세우기 위해서는 모든 성도를 왕 같은 제사장으로 섬기도록 키우고, 가르치고, 세우는 목회를 해야 합니다. 모든 성도가 하나님을 섬기는 제사장이라는 성직 의식을 갖고 섬기도록 해야 합니다. 목사는 모든 성도를 하나님의 사역자로 세우는 영적인 코치이기 때문입니다엡 4:11-13. 지금까지 목회자가 성도를 심방하고 보살피는 돌봄 사역에 치중해왔다면 이제부터는 성도를 가르치고, 키우고, 세우는 구비 사역에 집중해야 합니다. 목사는 고아원 원장이 아닙니다. 하나님 나라 훈련소 교관입니다. 성도들이 영적으로 미숙할 때는 돌봄 사역을 해야 하지만, 시간이 지나면 구비시키는 사역이 더 중요해집니다. 건강한 교회는 목사가 성도 위에 군림하는 '성직자 패러다임'에서, 성도를 키우고 세우는 '영적 코치 패러다임'으로 전환할 때 시작됩니다.

사람을 세우고 구비시키는 일이 목회다

사람을 세우는 목회는 사람을 세우는 것이 목사의 주요 역할임을 인식하고 성도를 구비시키는 일에 집중하는 것입니다. 하나님은 사람을 창조하실 때 생육하고 번성하는 존재가 되게 하셨을 뿐만 아니라, 세상을 정복하고 모든 만물을 다스리는 리더로 창조하셨습니다. 비록 죄로 인해 타락했고 무능력하게 되었지만 복음과 하나님의 축복으로 인해 회복되는 은혜를 받았습니다. 모든 성도는 하나님의 형상을 회복하고 하나님의 능력을 힘입어 하나님의 일을 가능하게 하는 존재가 되어야 합니다. 목회의 가장 중요한 목적은 모든 성도를 하나님 나라의 가치관을 가진 사람으로 키우고 세우는 것입니다. 교회 공동체를 통한 하나님 나라 확장을 위해 모든 성도가 갖고 있는 각각의 재능과 은사를 사용할 수 있도록 만들어야 합니다. 기독교 코칭의 전제는 모든 성도가 하나님의 독특한 디자인에 의해 창조되었음을 믿는 것입니다. 하나님이 성도들에게 주신 각각의 은사와 재능, 그리고 하나님의 의도와 계획을 스스로 발견하도록 돕는 것입니다. 건강한 교회의 목회는 모든 성도가 하나님 나라의 가치를 품어 비전을 갖게 하고, 그 비전을 위해 하나님이 주신 은사를 통해 헌신하도록 구비시키는 것입니다.

직위가 아니라 역할이다

오늘날 한국 교회가 안고 있는 심각한 문제는 교회 직분을 지위와 직책으로 여기는 것입니다. 이 때문에 교회 안에서 많은 문제가 발생합니다. 사실 성경에서 말하는 대부분의 직분은 역할을 의미합니다. 교회 안에서의 섬김은 기능으로써의 직분으로 접근해야 합니다. 목사를 포함한 교회 직분자들은 자신의 역할이 무엇인지 정확하게 이해해야 합니다. 우리 교회 주보를 보면 교회를 섬기는 사람들 명단에 '모든 성도들'이라고 쓰여 있습니다. 성도를 섬기는 사람 명단에는 교역자와 교회 직원들의 이름을 기록했습니다. 사람마다 견해가 다르겠지만 저는 이렇게 하는 것이 맞다고 생각합니다. 교회는 성도들이 섬기고 목회자는 성도들이 교회를 섬길 수 있도록 섬기는 사람이기 때문입니다.

한편 직분은 사람을 변질시키는 것 같습니다. 사실 교회 안에 있는 모든 직분은 교회를 세우는 것이 그 목적입니다. 그런데 어떤 성도는 순수하게 헌신하다가도 직분자로 세워지면 목사를 돕는 대신 목사를 평가하고 판단하며 마치 주주처럼 행동합니다. 참으로 슬픈 현실입니다. 이러한 상황을 반전시킬 방법은 목사가 직접 리더들과 성경말씀을 공부하고 나누며 기도하는 시간을 갖는 것입니다. 이 시간을 통해 직분에 대한 성경적인 개념을 반복해서 가르치고 그 의미를 새롭게 하는 것입니다. 리더들과 일과 사역으로만 만나는 것이 아니라 영적 교제를 위해 만날 때 이 밖에도 많은 문제가 쉽게 해결될 수 있습니다. 그럼에도 여전히 목회를 힘들게 하는 직분자가 있다면 하나님께 맡겨야 합니다. 하나님은 그 사람 머리 위에 숯불을 쌓으십니다. 더불어 아무리 좋은 악기라도 줄이 풀어지면 아름다운 소리를 낼 수 없듯이 목회자도 긴장이 풀어지면 아름답게 사역할 수 없기에 어떤 괴로운 일도 하나님의 사람으로 바로 세우시려고 허락하신 하나님의 기회로 여겨야 합니다. 문제없는 교회는 없습니다. 오늘날 목사에게 요구되는 가장 큰 능력은 갈등조차 교회의 유익을 위해 품고 갈 수 있는 영적 인내력일 것입니다. 목사는 상처받기로 결단한 사람입니다. 아픔과 희생 없이 사랑할 수 없습니다. 힘들수록 오직 하나님만 바라보며 하나님 앞에 바로 서는 계기로 삼아야 좋은 목사가 될 수 있습니다.

목사가 성도들을 사역자로 세우려면 무엇보다 목회자의 역할을 바로 이해해야 합니다. 에베소서 4장 11-13절에 보면 목사의 임무와 역할에 대해 이렇게 설명하고 있습니다. "그가 어떤 사람은 사도로, 어떤 사람은 선지자로, 어떤 사람은 복음 전하는 자로, 어떤 사람은 목사와 교사로 삼으셨으니 이는 성도를 온전하게 하여 봉사의 일을 하게 하며 그리스도의 몸을 세우려 하심이라 우리가 다 하나님의 아들을 믿는 것과 아는 일에 하나가 되어 온전한 사람을 이루어 그리스도의 장성한 분량이 충만한 데까지 이르리니."

목사의 중요 역할은 모든 성도를 온전케 하는 것입니다. '온전케 한다'는 말은 헬라어로 'katartismon'이고, 영어로는 'Equipping'입니다. 이는 '준비시킨다. 구비시킨다. 훈련시킨다'라는 뜻을 갖고 있습니다. 코치의 역할을 하는 것입니다. 목사는 모든 성도가 하나님의 자녀답게 살도록 온전하게 Being=삶 만들어야 합니다. 목사는 성도들이 거룩하게(성화) 되도록 만드는 영적 코치입니다. 그런데 여기서 주목해야 할 것은 '성도를 온전케 하며'가 아니라 '성도를 온전케 하여'입니다. 하나님의 자녀답게 살도록 만드는 것이 목회의 최종 목적이 아니라는 의미입니다. 성도를 온전케 하는 목적은 그 다음에 이어집니다.

목사가 감당해야 할 중요한 역할은 모든 성도가 봉사를 하도록 만드는 것입니다. 봉사는 'diakonia'인데 이 단어는 신약 성경에서 교회 공동체를 자원하여 섬기는 일을 지칭할 때 주로 사용되었습니다. 목사는 성도들을 온전케 하여 교회 공동체를 섬기고 하나님 나라를 확장하는 사역자로(Doing=사역) 헌신하도록 구비시켜야 합니다. 성도들이 하나님의 자녀다운 축복을 누리되, 하나님 사역자의 특권을 다하도록 만드는 것이 목회자가 감당해야 할 핵심 역할입니다. 또 13절에 보면 "믿는 것과 아는 일에 하나가 되어 온전한 사람을 이루어 그리스도의 장성한 분량이 충만한 데까지 이르리니."라고 설명합니다. 여기서 사용된 헬라어 단어 '온전한'은 12절에서 말하고 있는 '온전한'과는 다른 단어입니다. 13절에서 사용된 '온전한'은 'teleio'입니다. 영어로는 'Perfection = 완전한'으로 번역되는데 헬라어로는 '목적'이라는 뜻도 갖고 있습니다. 다시 말하면 우리가 믿는 것과 아는 것의 궁극적인 목적은 모든 성도가 하나님 자녀답게 구비되어 교회 공동체를 세우는 하나님의 사역자로 헌신해 하나님 나라를 확장하는 것임을 알려주고 있는 것입니다.

기능공인가? 리더인가?

그래서 저는 우리 교회의 목표를 사람을 살리고, 고치고, 키우고, 세우고, 교회를 섬기고, 지키고, 축복을 누리고, 나누고, 주님을 전하고, 높이는 교회로 정했습니다. 제 은사였던 풀러신학교 찰스 반 엔겐 교수는 "교회의 교육 프로그램은 하나님의 백성을 구비하여 세상을 섬기는 역동적이고 사명지향적인 리더십을 세우는 것"이라고 말했습니다. 하나님은 한 사람이 열 사람을 구원하라고 하신 것이 아니라 한 사람을 구원할 수 있는 열 사람을 훈련시켜서 세우라고 하셨습니다. 그래서 이성희 박사는 미래 교회 목회 과제에 대해 "평신도가 가르치는 일과 봉사하는 일에 참여할 수 있도록 도와주는 것이 목회자의 필수 과제이다. 지난 세대에 한국 교회가 가지고 있던 성직 패러다임은 새로운 세기를 앞두고 평신도 사역의 극대화로 전환되어야 한다."고 주장하기도 합니다. 건강한 교회로 체질을 개선하려면 나 홀로 열심히 일하는 기능공 목회를 접고, 사람을 구비시키고 세우는 리더십 목회로 전환해야 합니다.

그러나 목사 한 사람의 열정만으로는 불가능합니다. 모든 성도를 사역자로 세우려면 사람을 세우는 건강한 목장교회 시스템으로 전환해야 합니다. 디모데후서 2장 2절에 보면 "또 네가 많은 증인 앞에서 내게 들은 바를 충성된 사람들에게 부탁하라 그들이 또 다른 사람들을 가르칠 수 있으리라."고 말합니다. 사람을 키우고, 또 키워내는 목회가 진정 건강한 교회를 만듭니다.

성직자의 종말을 고하다

이제 목회자가 성직자로 군림하면서 성도를 이끌어가는 시대는 끝났습니다. 목회자 혼자 성도를 심방하며 돌보는 가부장적인 목회 시스템을 버려야 합니다. 헌신된 목자들이 성도들을 세우고 섬기는 목장교회셀교회 시스템으로 변화되어야 합니다. 교회 안에 다양한 팀목장이 존재하지만 동일한 비전을 공유하며 예배를 통해 서로 연결되는 목장교회셀교회 시스템으로 바뀌어야 합니다. 이것은 선택이 아닌 교회 부흥을 위한 필수적인 과제입니다. 사람을 세우는 목회자의 열정과 모든 성도를 사역자로 세우는 교회 시스템이 균형을 이룰 때 건강한 교회로 부흥하게 됩니다. 그렇기 때문에 목사는 새로운 리더를 발굴해야 하며, 그들에게 투자해야 합니다. 그들에게 하나님 나라에 대한 책임감을 부여해야 하며, 효과적으로 지도해야 합니다. 성도들에게 주신 하나님의 비전과 사명을 발견하도록 도와야 합니다빌 2:13. 교회 공동체를 세우고, 하나님 나라를 확장하는 삶은 하나님이 각 성도에게 주신 분명한 비전과 사명임을 지속적으로 가르쳐야 합니다. 모든 성도가 자신이 평신도 목회자라는 소명의식을 가지고 목자로 섬기겠다는 열정을 품게 만들어야 합니다. 목자가 아니라도, 자신이 살고 있고 머무는 곳에서 하나님 나라를 위한 사명자로 살도록 가르쳐야 합니다. 우리 모두는 하나님을 섬기도록 부르심을 받은 사명자이기 때문입니다.

변명할 수 없는 사명

그래서 저는 성도들에게 사명을 이렇게 가르칩니다. 첫째, 남들보다 조금이라도 더 가진 것이 사명입니다. 내가 남들보다 조금이라도 더 가진 것은 하나님을 위해 사용해야 할 사명입니다. 지식을 더 가지고 있다면 지식이, 돈을 더 가지고 있다면 돈이 사명입니다. 다른 사람보다 자신이 더 갖고 있는 것이 무엇이든 그것을 사명으로 인식할 때 사역자로 섬길 수 있습니다. 우리 교회 성도 중에서 15인승 봉고차를 타고 다니던 분이 있었습니다. 제가 그분에게 이런 말을 했습니다. "집사님은 봉고차가 사명입니다." 처음에는 무슨 말인지 의아해했습니다. 남들이 갖지 못한 봉고차를 소유하고 있으니 성도들을 위해 교회 차량 운행을 하는 것이 사명이라고 설명했습니다. 우리 교회에는 차량이 여러 대 있습니다. 하지만 주일에는 성도들을 위해 훨씬 더 많은 차량이 운행됩니다. 대부분 자기 차량을 이용하지만 차가 없어 불편해하는 노인이나 청소년들을 위해 성도들이 자발적으로 섬기기 때문입니다. 자신이 남들보다 더 가진 것이 무엇이든지 그것은 교회 공동체와 하나님 나라를 위해 사용하는 사명이 됩니다.

둘째, 부담감이 사명입니다. 저는 성도들에게 교회 공동체와 하나님으로 인한 마음에 부담이 있다면 그것이 사명이라고 가르칩니다. 똑같은 현상과 사물을 보고도 어떤 사람은 부담을 갖지 않지만 어떤 사람은 마음에 부담을 가집니다. 교회 공동체 안에서 어떤 종류의 사역이든 마음에 부담을 갖고 있는 것이 있다면 그것은 그 사람의 사명이기 때문에 그런 마음이 드는 것입니다. 목회자는 성도들이 부담을 갖고 있는 분야에서 하나님을 잘 섬길 수 있도록 격려하고 도전하고 후원해야 합니다. 하나님 안에서 갖게 되는 거룩한 영적 부담감이 사명이기 때문입니다.

셋째, 상처와 아픔이 사명입니다. 남들이 갖지 못한 아픔과 상처가 있다면 그것은 하나님이 나에게 주신 사명으로 여겨야 합니다. 나와 똑같은 아픔을 가진 사람을 도우라는 하나님의 뜻인 겁니다. 내가 힘들어 보고 상처를 받아봤기 때문에 다른 사람을 더 잘 위로할 수 있습니다. 예수님도 인간의 몸을 입고 오셔서 우리의 아픔과 고통을 체험하셨습니다. 저도 목사의 아들로 자라며 많은 교회와 성도들에게 상처를 받았습니다. 교회 생활이 행복하지 않았습니다. 이런 상처가 저에게 사명이 되었습니다. 그래서 행복한 성도를 만드는 것이 제 목회 철학이 되었습니다. 성도들이 행복해질 수만 있다면 성경 말씀에 위배되지 않는 한 무엇이든지 할 수 있습니다. 이런 섬김의 마인드가 오늘의 꿈의 교회를 만든 것입니다. 그리스도인에게 상처는 나 홀로 간직해야 할 아픔이 아니라 다른 사람을 도울 수 있는 영적 사명입니다.

넷째, 현재 하고 있는 일이 사명입니다. 어떤 성도들은 비전과 사명을 말하면 뭔가 큰일을 해야 할 것 같은 영적 강박증에 빠져 있습니다. 그러나 비전과 사명은 멀리 있는 것이 아닙니다. 현재 나에게 맡겨진 일, 하고 있는 일, 주어진 일 속에서 찾을 수 있습니다. 이 시대는 도시와 세상을 살릴 위대한 영웅이 필요한 것이 아닙니다. 어쩌면 지금은 가정에서는 좋은 믿음의 부모이고, 소속된 교회에서는 맡겨진 작은 일에 충성하는 평범한 믿음의 사람들이 필요한 시대입니다. 내 모양대로, 내가 섬기고 싶은 곳에서, 내가 잘 할 수 있는 일로 섬기는 것도 의미 있는 일이지만 단순히 교회의 필요를 따라 섬기는 것도 큰 축복입니다. 주님은 작은 일에 충성하는 사람에게 큰일도 맡기시겠다고 약속하셨습니다.

다섯째, 불만이 사명입니다. 목회를 할 때 모든 성도를 만족시킬 수 없습니다. 목사 혼자 모든 일을 할 수 없습니다. 그렇기 때문에 성도들이 교회에 불만을 가질 수 있습니다. 이런 불만을 그냥 방치하면 교회의 큰 문제가 될 수도 있습니다. 전도서 10장 1절의 말씀처럼 죽은 파리 한 마리가 향 기름으로 악취나게 합니다. 저는 성도들이 불만을 이야기하면 사명을 받았다고 말합니다. 불만이 있다는 것은, 그가 불만을 갖고 있는 분야를 민감하게 볼 수 있는 능력이 있다는 것을 의미합니다. 저는 성도들이 불편해하는 일을 자신의 사명으로 만들어 섬기게 합니다. 부정적인 에너지를 긍정적인 에너지로 바꾸어 주는 것이 목회입니다. 육적인 일을 영적인 일로 바꾸어 주는 것이 목회입니다. 결국 목회란 모든 성도가 행복하게 교회를 섬기고, 나아가 가정과 직장, 세상 속에서 하나님 나라를 확장하는 사역자로 살도록 돌보고 구비시키는 것입니다.

존재 이유? 존재 목적? 존재 가치?

그래서 저는 양육 훈련 단계에서 성도들에게 세 가지 핵심 질문과 답을 강조하고 있습니다. 우리가 세상에 존재하는 이유는 무엇인가? 우리는 하나님의 기쁨을 위해 계획되었기 때문에 하나님의 기쁨이 되는 존재로 살아야 합니다. 하나님의 기쁨이 될 때 우리도 하나님 안에서 진정한 삶의 기쁨을 누릴 수 있습니다. 두 번째 질문은 우리의 존재 목적은 무엇인가? 입니다. 우리는 하나님을 섬기기 위해 창조된 존재입니다. 우리는 하나님을 섬기고, 하나님은 우리를 책임지시는 친밀한 사랑의 관계를 통해서만 참된 행복을 누릴 수가 있습니다. 세 번째 질문은 우리의 존재 가치는 어떻게 증명되는가? 입니다. 그리스도인은 하나님 나라를 위한 사명을 통해 존재 가치를 드러낼 수 있습니다. 세상 사람들은 자신의 업적이나 소유를 통해 존재 가치를 증명하려고 합니다. 그러나 그리스도인은 교회를 통한 하나님의 사명과 하나님 나라를 위한 사역을 통해 자신의 존재 가치를 증명하게 됩니다. 데살로니가 성도들처럼 하나님을 향한 믿음을 가져야 합니다. "주의 말씀이 너희에게로부터 마게도냐와 아가야에만 들릴 뿐 아니라 하나님을 향하는 너희 믿음의 소문이 각처에 퍼졌으므로 우리는 아무 말도 할 것이 없노라살전1:8." 하나님 나라를 위해 사는 것이 하나님 자녀의 마땅한 삶이기 때문입니다.

목사는 성도들에게 계속 영적 도전을 해야 합니다. 왜 나는 이 세상에 존재하는가? 왜 나는 성공해야 하는가? 왜 나는 돈을 벌어야 하는가? 왜 나는 신앙생활을 해야 하는가? 이 같이 '왜'라는 질문을 던지지 않고 살아간다면 사는 대로 생각할 수밖에 없습니다. 인생의 비극은 왜곡된 자아상으로 인한 경우가 많습니다. 사람들은 자신이 누구인지 모르기 때문에 자기 생각대로 사는 것입니다. 그러나 내가 누구인지 바로 알고 하나님이 어떤 분이신지 바로 알면 하나님께 목숨을 걸게 되어 있습니다. 하나님을 알면 하나님의 말씀에 '예'라고 대답할 수 있게 됩니다. "너희 가운데 전파된 하나님의 아들 예수 그리스도는 예 하고 아니라 함이 되지 아니하셨으니 그에게는 예만 되었느니라고후 1:19."

5장 THE CHURCH DREAMS AGAIN
창의적 목회의 비결

믿음은 경영이다

전통교회에서 건강한 교회로 체질을 개선하려면 창조적이고 전략적인 사고를 가져야 합니다. 에베소서 3장 8-10절에 보면 "모든 성도 중에 지극히 작은 자보다 더 작은 나에게 이 은혜를 주신 것은 측량할 수 없는 그리스도의 풍성함을 이방인에게 전하게 하시고 영원부터 만물을 창조하신 하나님 속에 감추어졌던 비밀의 경륜이 어떠한 것을 드러내게 하려 하심이라 이는 이제 교회로 말미암아 하늘에 있는 통치자들과 권세들에게 하나님의 각종 지혜를 알게 하려 하심이니."라고 말씀합니다. 경륜은 하나님의 경영 계획을 의미합니다. 어떤 분은 교회를 경영해야 된다고 말하면 세속적이라 비판합니다. 그러나 세상의 모든 것은 하나님께 속한 것입니다.

창세기 3장 15절에 보면 하나님은 인간이 타락했을 때 예수 그리스도를 통한 구원을 미리 계획하셨습니다. 예수님은 누가복음 14장 28절에서 이렇게 말씀하십니다. "너희 중의 누가 망대를 세우고자 할진대 자기의 가진 것이 준공하기까지에 족할는지 먼저 앉아 그 비용을 계산하지 아니하겠느냐." 하나님이 세우신 교회 공동체의 부흥을 위해 세밀하게 계획하고 준비하는 것은 당연한 것입니다. 목사는 성도들의 영적 부흥을 위해 준비해야 합니다. 교회 부흥을 위해 준비해야 합니다. 우리의 게으름과 무능함을 믿음이란 말로 스스로 합리화시켜서는 안 됩니다. 예수님이 이 땅에 오셔서 십자가를 지시고 부활하신 복음의 모든 과정도 철저한 하나님의 경륜 속에서 이루어진 것입니다. 건강한 교회로 체질을 개선하기 위해서는 영적인 경영 마인드가 필요합니다.

영적인 경영 마인드에서 중요한 것은 창조적인 사고를 하는 것입니다. 창조적이라는 말은 세상적이고 물질적인 관점이 아니라 영혼을 생각하며 섬기는 영적 관점을 의미합니다. 교회는 기업이 아닌 영적 공동체입니다. 그렇기 때문에 교회를 잘 경영하려면 성도와 교회를 창조주 하나님의 관점으로 바라보고 생각하는 창조적인 사고가 필수적입니다. 하나님 중심적이지만, 성도를 사랑하는 '사람 지향적인 관점'에서 바라보면 교회를 위한 창조적인 발상을 하게 됩니다.

오랜전 일입니다. 교회에서 새 가족 초청 예배를 준비하고, 성도들에게 전도 대상자들을 초청하도록 했습니다. 어떻게 하면 성도들에게 전도에 대한 동기부여를 할 수 있을까 고민하다가 설교 전에 스킷 드라마를 준비시켰습니다. 스킷 드라마의 주제는 '왜 내게 말하지 않았어'였습니다. 드라마는 사랑하는 연인이 오토바이를 타고 가다 사고가 난 후 여자는 예수를 믿었기 때문에 천사에게 이끌려 천국으로 가고, 남자는 예수님을 안 믿어 마귀에게 끌려 지옥으로 간다는 내용이었습니다. 이때 주인공들이 실제로 강단에 오토바이를 타고 등장했습니다. 오토바이가 넘어지면서 사고가 난 상황을 재현하고 여자는 천국으로, 남자는 지옥으로 끌려갑니다. 그때 마귀에게 끌려가는 남자는 소름 끼치도록 울부짖으며 천사에게 이끌려 가는 연인을 향해 절규합니다. "왜 내게 말하지 않았어!", "왜 내게 예수 믿으라고 말하지 않았어!" 드라마의 메시지가 너무 강력해서 많은 성도가 눈물을 흘렸습니다. 그날 '천국 혼자 갈 수 없잖아요'라는 주제로 말씀을 전하고 전도를 도전했습니다. 다음 주일 성도들은 믿지 않는 가족과 친지들을 초청하였고, 준비된 예배를 통해 많은 사람이 예수님을 믿기로 결단했습니다.

교회를 사랑하면 교회를 위한 창의적인 아이디어가 생기게 되어 있습니다. 교회에 대한 사랑이 창의력을 높여줍니다. 목사가 사랑으로 성도들을 보면 하나님이 각자에게 주신 능력과 은사를 알아볼 수 있고, 그것을 키우고 세워서 교회를 교회답게 경영할 수 있습니다. 각 교회가 소속된 지역의 독특한 문화와 상황을 고려해 교회를 교회답게 만드는 창조적인 경영 마인드로 접근해야 건강한 교회로 부흥할 수 있습니다.

믿음은 전략이다

경영 마인드에 꼭 필요한 것이 전략적인 사고입니다. 전략적이라는 말은 교회에 대한 하나님의 의도와 목적을 이루기 위해 체계적으로 준비하는 자세를 말합니다. 세상이 변하고, 문화가 바뀌고 있습니다. 사람들의 가치관이 달라지고 있습니다. 따라서 교회도 변해야 합니다. 더 나아지기 위해서가 아니라 생존하기 위해서 변해야 합니다. 그래야 사명도 감당할 수 있습니다. 즉 변하지 말아야 할 진리를 지키기 위해 변화시킬 만한 것을 변화시키는 열정이 있어야 합니다. 마태복음 10장 16절에 보면 "보라 내가 너희를 보냄이 양을 이리 가운데로 보냄과 같도다 그러므로 너희는 뱀 같이 지혜롭고 비둘기 같이 순결하라."고 말씀하십니다. 복음과 진리는 비둘기처럼 순수해야 합니다. 변질되지 말아야 합니다. 그러나 뱀처럼 지혜롭게 행해야 합니다. 전통적인 방식을 고수해서는 안 됩니다. 익숙한 것과 결별하지 않는 한 건강한 교회로 전환할 수 없습니다. 시대가 변하고 문화가 변하고 사람이 변하고 있습니다. 변화를 두려워하지 않는 열린 마음을 가져야 합니다. 그러나 창조적이고 전략적인 목회를 하려면 진리와 비전은 설득하되 방법과 전략은 함께해야 합니다. 고린도전서 9장 20-22절에 보면 바울은 이렇게 말합니다. "유대인들에게 내가 유대인과 같이 된 것은 유대인들을 얻고자 함이요 율법 아래에 있는 자들에게는 내가 율법 아래에 있지 아니하나 율법 아래에 있는 자 같이 된 것은 율법 아래에 있는 자들을 얻고자 함이요 율법 없는 자에게는 내가 하나님께는 율법 없는 자가 아니요 도리어 그리스도의 율법 아래에 있는 자이나 율법 없는 자와 같이 된 것은 율법 없는 자들을 얻고자 함이라 약한 자들에게 내가 약한 자와 같이 된 것은 약한 자들을 얻고자 함이요 내가 여러 사람에게 여러 모습이 된 것은 아무쪼록 몇 사람이라도 구원하고자 함이니." 건강한 교회를 세우기 위해서는 창조적이고 전략적인 사고를 가지고, 영적 경영 마인드로 교회를 섬겨야 합니다. 그럴 때 창의적인 목회를 할 수 있습니다.

변화를 즐겨라

건강한 교회 목회를 위해 목사에게 필요한 것은 비전과 복음을 설득할 수 있는 커뮤니케이션 능력입니다. 성도들이 교회의 모든 일에 공감하고 참여할 수 있도록 만드는 목회 리더십을 발휘해야 합니다. 성도들의 다양성을 포용하고 이해할 수 있는 리더십을 가져야 합니다. 저는 비전과 복음을 제외한 부분은 가능한 한 성도들의 의견을 따르려고 노력합니다. 이를 위해 중요한 것은 중요하게 여기고, 사소한 것은 사소하게 여길 줄 알아야 합니다. 진리와 원칙은 반석 위에 올려놓고 방법과 프로그램은 파도를 타도록 만들어야 합니다. 사소한 것을 고집하다 본질을 잃어버릴 수가 있기 때문입니다. 그래서 건강한 교회를 세우기 위해서는 리더가 배우려는 자세와 성장하려는 자세를 가져야 합니다. 본질이 아닌 것에 고집을 세우며 주장하기보다 성도의 목소리에 경청하는 자세를 가져야 합니다. 그래서 저는 가끔씩 설문조사를 통해 성도들의 의견을 듣고 목회에 반영하려고 애쓰고 있습니다.

예전에 우리 교회 요람에 사진을 넣는 것을 두고 성도들 사이에서 다양한 의견이 있었습니다. 사진을 넣어야 된다고 주장하는 분들은 성도가 많아져 서로를 잘 모르니 사진을 넣어 서로의 얼굴을 알고 지낼 수 있도록 해야 된다고 말했고, 사진을 빼자고 주장하는 분들은 정보화 시대이기 때문에 악용될 수 있으니 빼야 된다고 말했습니다. 저는 이 문제를 이렇게 처리했습니다. 예배당 앞에 큰 판을 세우고, 사진을 넣어야 된다고 생각하는 사람은 빨간색 스티커를 붙이고, 사진을 빼야 한다고 생각하는 사람은 파란색 스티커를 붙이라고 했습니다. 그 결과 55%대 45%로 사진을 넣자는 의견이 더 많았습니다. 저는 성도들에게 교회 요람에 사진을 넣기로 결정되었으며, 대신 원하지 않는 분들은 사진을 넣지 않아도 된다고 말했습니다. 그리고 그 다음 주부터 교회 앞에 포토 존을 만들어 가족별, 개인별로 사진을 찍을 수 있게 하였습니다. 교회 요람에 사진을 넣는 것은 교회의 본질이 아닙니다. 오히려 이 기회를 통해 모든 성도가 서로 친밀해져야 한다는 당위성을 강조하고 모두 하나가 되는 기회로 만들었습니다.

이슬비 같은 변화를 추구하라

창조적이고 전략적인 목회를 위해서는 점진적이고 자연스런 변화를 추구해야 합니다. 예수님은 제자들에게 처음부터 십자가 사건을 비롯해 부활까지의 스케줄을 말씀하지 않았습니다. 때가 이를 때마다 필요한 만큼 조금씩 말씀해 주셨습니다. 변화는 이슬비처럼 천천히 시도해야 합니다. 급작스러운 변화는 저항을 가져옵니다. 물론 강력하게 변화를 시도해야 할 때도 있습니다. 그러나 그것은 모든 성도가 변화를 수용할 수 있는 토양이 이루어진 때입니다. 변화시키려는 목적이 중요한 것이지 변화 자체가 중요한 것이 아닙니다. 변화는 단지 과정일 뿐입니다. 성도들이 변화의 과정을 즐길 수 있도록 만들어야 합니다. 성도들을 변화의 목표까지 끌고 가려면 목회자가 큰 그림을 그리고 있어야 합니다. 리더는 목적을 잃지 않으면서 성도들에게 끊임없이 목표를 제시하며 변화를 이끌어가는 사람입니다.

점진적인 변화를 위한 몇 가지 중요한 팁이 있습니다. 중요한 사역을 중요하게 취급하는 것입니다. 가장 어려운 일은 사람들에게 새로운 사상을 받아들이도록 하는 것이 아니라, 옛 사상을 잊게 하는 것입니다. 과거를 잊게 만드는 방법은 그들에게 더 중요한 것이 있다는 것을 알게 하는 것입니다. 점진적인 변화를 위해서는 기존의 것을 무리해서 없애려 하지 말고 역할을 바꿔줘야 합니다. 우리 교회는 목장교회이기 때문에 여선교회가 필요 없었지만, 여선교회를 없애지는 않았습니다. 대신 다른 면에서 교회를 섬길 수 있도록 여선교회의 역할을 바꿔주었습니다. 지금은 여선교회가 '교회 결혼식 주방 사역'을 맡아 섬기며 거기서 발생하는 이익은 홀 사모님이나 어려운 목회자를 위한 긍휼 사역 등에 사용하고 있습니다. 여선교회 리더들은 바뀐 사역을 통해 보람을 느끼며 섬기고 있습니다. 어떤 분은 어떻게 하면 창조적이고 전략적인 목회를 할 수 있냐고 묻습니다. 비결은 건강한 교회에 대한 비전과 열정을 유지하는 것입니다. 물러설 수 없는 비전으로 살고, 사명 중심의 목회를 한다면 그렇게 할 수 있습니다.

발상의 전환 – 건강한 교회를 세우는 행정

건강한 교회에서 행정은 중요합니다. 교회에서 일어나는 분란 중 대부분은 영적 문제보다 행정적 문제입니다. 목회가 힘들고 교회가 어려워지는 이유 중 하나도 목사가 행정에 미숙하기 때문입니다. 행정에 실패해서 목회에 실패하고 탈진하는 경우도 종종 있습니다. 건강한 교회로 부흥하기 위해 중요한 요소 중 하나는 목적 중심의 행정 시스템을 정착시키는 것입니다. 그런데 교회 행정은 목회 리더십과 직결됩니다. 만일 목회자 자신이 소유한 능력이나 성도들의 은사와 재능을 백퍼센트로 활용하는 방법을 터득한다면 두세 배 혹은 그 이상의 부흥을 이룰 수 있습니다. 그래서 교회 행정은 설교 못지않게 매우 중요한 목회 과제입니다.

교회학자 엘빈 린드그렌Alvin J. Lindgren은 교회 행정을 "교회가 자신의 본질과 임무를 발견하고, 온 세상을 향한 하나님의 사랑을 전하는 교회의 임무의 성취를 위해 교회의 모든 자원과 인력을 사용하는 연관성 있고 광범위한 방법을 찾는 것"이라고 말했습니다. 로버트 데일Robert Dale은 교회 행정을 "어떤 방법이 아니라 목회 그 자체이며 서류 작성이 아니라 사람 그 자체이며 비인격적인 정책이 아니라 인격적인 과정이며 교묘한 조작이 아니라 관리이다. 교회 행정은 어떤 조직의 사람을 바꾸는 방법People Process이며 그 조직이 가지고 있는 자원들을 효율적으로 활용할 수 있도록 해주는 것이다."라고 하였습니다.

   건강한 교회 행정은 교회가 교회 되게 하고, 교회가 교회의 일을 할 수 있게 갖추어 주는 목회 지도력을 의미합니다. 교회 행정은 교회를 유지하는 일뿐만 아니라 사람을 필요한 곳에 배치하여 사역을 잘 감당하도록 만드는 일입니다. 목회자는 교회의 영적, 인적, 물리적, 재정적 자원을 이용하여 교회가 추구하는 비전과 사명을 잘 수행해 나갈 수 있도록 만들어야 합니다. 교회 행정은 교회를 구성하는 성도들이 될 수 있고 할 수 있는 사역을 영적으로 동기부여하고 훈련시켜 될 수 있고 할 수 있도록 해주는 목회 자체이기 때문입니다.

비전과 목적이 이끄는 행정

   건강한 교회 행정을 위해서는 필요한 것이 있습니다. 첫째, 비전과 목적이 이끄는 효율적인 행정 시스템으로 전환하는 것입니다. 초대교회가 직분자를 세운 이유는 효율적인 행정을 위해서였습니다. 사도행전 6장 1-7절을 보면 다음과 같이 말합니다. "그 때에 제자가 더 많아졌는데 헬라파 유대인들이 자기의 과부들이 매일의 구제에 빠지므로 히브리파 사람을 원망하니 열두 사도가 모든 제자를 불러 이르되 우리가 하나님의 말씀을 제쳐 놓고 접대를 일삼는 것이 마땅하지 아니하니 형제들아 너희 가운데서 성령과 지혜가 충만하여 칭찬 받는 사람 일곱을 택하라 우리가 이 일을 그들에게 맡기고 우리는 오로지 기도하는 일과 말씀 사역에 힘쓰리라 하니 온 무리가 이 말을 기뻐하여 믿음과 성령이 충만한 사람 스데반과 또 빌립과 브로고로와 니가노르와 디몬과 바메나와 유대교에 입교했던 안디옥 사람 니골라를 택하여 사도들 앞에 세우니 사도들이 기도하고 그들에게 안수하니라 하나님의 말씀이 점점 왕성하여 예루살렘에 있는 제자의 수가 더 심히 많아지고 허다한 제사장의 무리도 이 도에 복종하니라."

초대교회의 성도가 많아지면서 교회 내에 문제가 생기기 시작했고, 그때 사도들은 중요한 결정을 내립니다. 사도들은 기도하고 말씀 전하는 일에 전념하고, 집사들이 성도들을 돌보고 관리하는 일을 하도록 맡긴 것입니다. 사도들은 교회 공동체를 세우는 목적을 위해 집사들을 세웠습니다. 집사들은 교회의 비전과 목적을 위해 사명감을 갖고 자신들에게 맡겨진 사역을 했습니다. 초대교회 집사들에게는 직분의 호칭이나 명칭이 중요한 것이 아니었습니다. 직분은 단지 교회를 섬기는 역할이었을 뿐입니다. 직분은 성도들을 구별하는 직위가 아닌, 교회 공동체를 섬기는 신앙고백이며 섬김의 역할일 뿐입니다. 스데반 집사는 복음을 증거하다가 순교했습니다. 교회의 모든 직분은 복음을 전하고 교회를 섬기기 위한 것입니다. 이러한 섬김이 기초가 되어야 건강한 교회 행정도 할 수 있습니다. 그런데 일부 직분자들이 성도들 위에 군림하며 영적 귀족으로 행세하고 있습니다. 건강한 교회가 되려면 바리새인과 같은 거짓 신앙체계를 깨뜨리고 바른 신앙 자세를 갖도록 직분자들을 바로 양육하고 교육해야 합니다.

행정의 키워드 – 관계

둘째, 건강한 교회 행정은 권리와 책임이 공존하는 유기적인 관계 시스템을 유지하는 것입니다. 요한복음에 나오는 예수님의 말씀처럼 참 목자라면 양을 책임지게 되어 있고, 양은 목자의 음성을 듣게 되어 있습니다. 교회 행정은 이런 관계성 안에서 이루어집니다. 양은 목자를 따르고 목자는 양을 책임지는 유기적인 관계가 이루어져야 합니다. 영적 질서 안에서 권리와 책임이 공존해야 합니다. 교회 행정은 세상 행정과는 다릅니다. 지시적이고 업무적인 행정이 되어서는 안 됩니다. 교회는 획일적이고 일방적인 관계가 아닙니다. 사랑과 존경이 어우러지는 관계로 형성되어야 합니다. 리더는 성도를 섬기고, 성도는 리더를 존경하는 영적 질서 안에서 교회가 교회다워지게 되어 있습니다. 권리와 책임이 공존하고 자유와 자발적인 순종이 공유되는 관계 시스템, 이것이 건강한 교회 행정의 모습입니다.

관계의 핵심 – 목회 리더십

건강한 교회 행정의 시작은 섬기는 목회 리더십을 존재화하는 것입니다. 누가복음 22장 26절에 보면 "너희는 그렇지 않을지니 너희 중에 큰 자는 젊은 자와 같고 다스리는 자는 섬기는 자와 같을지니라."고 말씀합니다. 목사라면 누구나 교회의 부흥을 꿈꾸며 복음으로 세상을 변화시키기를 소원합니다. 하지만 이런 목회자의 계획과 목표대로 성장하지 못할 때 목회에 대한 자신감은 점점 상실되어 갑니다. 저는 열악한 환경 속에서도 교회를 위해 자신과 가정을 희생하며 헌신하는 대다수의 목회자를 보며 경이로운 존경심을 갖고 있습니다. 그러나 이렇게 헌신하며 기도하고 최선을 다해 사역 하는데도 불구하고 교회성장의 한계에 부딪히는 이유는 무엇입니까? 환경적인 이유도 있겠지만 가장 큰 이유는 리더십의 문제입니다. 어떤 목회자들은 변하지 않는 교인이 문제라고 생각하지만 사실 교회 부흥을 방해하는 가장 큰 장애물은 목회자 자신입니다. 레오 톨스토이는 "모든 사람들은 인간이 변화되어야 한다는 것을 생각하고 있으나 자기 자신이 변화되어야 한다는 것을 생각하는 사람은 아무도 없다."고 말했습니다. 사람들은 환경을 개선하고, 상황을 바꾸려고 노력하지만 하나님은 우리 자신을 바꾸는 일에 더 많은 관심을 갖고 있습니다. 다른 사람을 바꾸는 것보다 나 자신을 바꾸기 위해 노력해야 합니다. 우리 자신을 변화시킴으로써 주변 사람들의 태도와 교회를 변화시킬 수 있습니다. 성공한 목회의 보이지 않는 요소와 교회성장의 결정적 요소는 목회 리더십입니다. 성도들은 목회자의 말을 듣는 것이 아니라 삶을 봅니다. 세상을 변화시키고 싶다면 먼저 목회자 자신의 삶이 변해야 합니다. 건강한 교회는 목회자의 자기 성찰로부터 시작됩니다. 하나님의 다림줄로 자신을 점검하며 하나님의 기준과 목적을 따라 살고 있는지를 살펴보아야 합니다. 환경이나 사람을 탓할 필요가 없습니다.

6장 THE CHURCH DREAMS AGAIN
지역사회를 친구로 얻기

성을 쌓지 않고, 길을 만드는 교회

 교회는 그 지역 사람들에게 선망의 대상이 되어야 하며, 지역주민들이 기대하는 교회가 되어야 합니다. 교회는 하나님의 사랑과 예수님 이름의 능력을 세상에 유통해야 합니다. 교회는 세상의 어두움에 익숙해지는 것이 아니라 빛으로 빛나야 합니다. 바닷물은 3.5%의 소금 때문에 썩거나 부패하지 않습니다. 교회는 복음으로 세상을 변화시키는 능력의 통로가 되어야 합니다. 빌리 그레이엄 목사는 "하나님께서 우리에게 두 개의 손을 주셨는데 하나는 받는 손이고, 다른 하나는 베푸는 손이다."라고 말했습니다. 교회는 복음을 저장하는 창고가 아니라, 복음과 하나님의 사랑을 베푸는 통로로 지음받았습니다. 세상 사람들은 교회가 나누는 삶을 살 때 인정합니다. 교회가 지역사회를 섬기고, 나누고, 베푸는 일에 인색하면 지역사회와 함께 갈 수가 없습니다. 물론 교회는 구제기관이 아닙니다. 그러나 교회의 선한 행실이 지역사회에 복음의 길을 만듭니다. 교회는 지역으로부터 멀리 떨어져 자신들을 위한 성을 쌓는 것이 아니라, 지역사회의 중심으로 들어가 복음의 길을 만들어야 합니다.

『한국 교회 미래 리포트』란 책에 보면 건강한 교회를 위해 이런 제언을 했습니다. "교회에 대한 부정적인 이미지를 총체적으로 제거하라. 목회 리더십의 갱신에 올인하라. 목회 본질에 충실하라. 더 효과적인 전도 전략을 마련하라." 교회가 지역사회에서 희망의 증거가 되고, 믿음의 지주가 되기 원한다면 지역사회와 어울려 함께 가야 합니다. 교회는 지역사회로부터 분리될 수 없습니다. 교회 공동체는 지역사회 공동체에 대한 영적인 책임을 져야 합니다. 뿐만 아니라 교회는 지역사회에 거룩한 영향력을 끼쳐야 합니다. 에베소서 3장 10절에 보면 이렇게 말씀합니다. "이는 이제 교회로 말미암아 하늘에 있는 통치자들과 권세들에게 하나님의 각종 지혜를 알게 하려 하심이니." 교회는 세상 사람들에게 하나님을 알게 하는 거룩한 통로가 되어야 합니다. 교회는 지역사회의 변화를 이끌어가는 영적 리더가 되어야 합니다. 나아가 거룩한 도시를 만드는 복음의 전진기지가 되어야 합니다.

섬기는 교회 브랜드를 구축하라

어떻게 지역사회에 영향력을 끼치는 건강한 교회가 될 수 있습니까? 바로 지역사회를 친구로 만들어야 합니다. 지역사회를 친구로 만들기 위해서는 상생과 공헌의 철학을 실천하는 교회 브랜드를 구축해야 합니다. 꿈의 교회는 지역사회와 함께 가고, 지역사회를 섬기는 이미지와 브랜드를 만들기 위해 오랫동안 노력해왔습니다. 평생교육원을 설립하고 시민들을 위해 유명한 강사들을 초청해 '아름다운 공주 만들기' 프로그램을 진행했습니다. 시민들이 이러한 프로그램을 통해 교회에 올 수 있도록 문턱을 낮추고, 교회를 친밀하게 생각하도록 만들었습니다. 또한, 사업하는 시민들을 위한 '자영업자 성공 돕기 세미나'를 개최했습니다. 어렵고 힘든 상황에서 자수성가하거나 사업에 성공한 사람들을 초청해 할 수 있다는 자신감을 갖도록 만들었습니다. 초청한 강사로는 총각네 야채가게 이영석 사장, 석봉 토스트 김석봉 사장, 민들레 영토 지승룡 사장 등 일 년에 여섯 차례 정도 유명한 강사들을 초청했습니다. 그 다음 해는 경제 전문가들을 초청해 세미나를 열기도 했습니다. 이런 세미나와 프로그램들이 시민들에게 알려지면서 우리 교회는 지역을 위해 애쓰는 교회로 소문이 나기 시작했습니다. 일회성 행사로 끝내는 것이 아니라 몇 해 동안 지속적으로 진행했습니다. 저는 교회의 부흥과 전도를 위해 '왼손이 하는 일을 오른손이 알게 하라'는 말로 바꿔야 한다고 생각합니다. 믿지 않는 사람들이 워낙 교회에 대해 부정적인 이미지를 갖고 있기 때문입니다. 그렇기 때문에 이제는 교회가 하는 선한 일들을 언론매체를 통해 기사화시킴으로 시민들이 알 수 있도록 해야 합니다. 시민들이 알아야 교회에 대한 태도가 바뀝니다. 교회를 시민들이 친밀하게 느낄 수 있도록 섬기는 이미지와 브랜드로 만들어야 합니다.

오른손이 하는 일을 왼손이 알게 하라

그리고 지역사회를 친구로 만들기 위해서는 지역사회와 함께 가는 혁신적인 전략을 개발해야 합니다. 서두에서도 말했지만 우리 교회는 지역사회를 위해 평생교육원, 가족사랑 상담소, 꿈의 프리스쿨 어린이집, 독서 사관학교, 방과 후 꿈의 국제학교, 실버대학을 설립했습니다. 지역사회에 직접 다가가기 위해서 매년 부활절이 끼여 있는 한 달 동안에는 지역사회 섬김 활동을 합니다. 그동안 진행되어 왔고, 현재 진행되고 있는 주요 프로그램은 다음과 같습니다. 고등학교에 매년 장학금 지원하기, 소년소녀가장 돕기, 독거노인 집 고쳐주고 후원하기, 장애우 목욕 봉사, 공주시 사랑 프로젝트의 일환으로 공주 시내에 있는 하천 청소하기, 환경 미화원 식사 대접, 모범 공무원, 경찰관, 소방관 표창하기, 교회의 각 사업장과 전문인들의 자원봉사를 통해 무료로 치과 치료해 주기, 노인 영정 사진 찍어주기, 고아원과 장애우의 집에 선물을 전달하고 위문 공연하기, 성탄절에 시민을 위한 콘서트 개최, 직장인 초청 축구대회 개최, 볼링대회 개최, 청소년을 위한 길거리 농구대회 개최, 풍선 아트, 레크레이션 자격증을 따는 강의 개설 등 지역사회를 섬기는 다양한 프로그램을 진행했습니다. 지금은 아기학교를 개설해 젊은 엄마들이 교회에 나올 수 있는 기회를 제공하고 있습니다.

　지역사회를 친구로 만드는 교회 정신을 살려 세종시에서 교회를 개척할 때도 여러 행사를 진행했습니다. 지역사회 음악회를 후원하고, 어린이날에는 와우 어린이 축제도 개최하였습니다. 동에서 진행하는 체육회를 후원하고, 선거 때 추운 날씨에 줄 서서 기다리는 주민들을 위해 따뜻한 차를 제공하는 등 지역사회와 함께 가는 교회가 되기 위해 많은 노력을 했습니다. 교회를 건축한 뒤에는 마을 공동체의 장마당을 위해 교회의 주차장과 화장실을 개방하고 지역 단체를 위해 음악회 장소 및 모임 장소로 제공하기도 합니다. 그 결과 제가 불신자로부터 지역 위원으로 추천받아 동네 초등학교 운영위원으로 참여한 적도 있었습니다.

꿈이 있으면 길이 보인다

어떤 분들은 교회에서 어떻게 이 많은 행사와 프로그램을 진행했냐고 의아해할 수도 있습니다. 그러나 모든 성도가 사역자로 섬기는 건강한 교회가 되면 많은 비용을 들이지 않고도 교회 성도들이 가진 은사와 재능과 에너지를 사용해 다양한 프로그램을 진행할 수 있습니다. 물론 처음부터 한꺼번에 다 진행한 것이 아닙니다. 우리 교회가 할 수 있는 것부터 시작했습니다. 성도들에게 비전을 주고 동기부여를 하면 상상 그 이상의 많은 일을 할 수 있습니다. 건강한 교회는 시민들이 기대하는 바로 그 교회가 되어야 합니다. 그러기 위해 지역사회를 교회의 친구로 만들어야 합니다.

다르게 사는 것이 능력이다

오늘날 교회가 왜 그리스도의 영향력을 발휘하지 못하고 있습니까? 세상과 너무나 비슷하게 살고 있기 때문입니다. 교회의 힘은 세상과 다르게 사는 것에서 나옵니다. 세상 사람들이 살아가는 방식과 같아서는 안 됩니다. 요즘 많은 성도와 교회가 세상과 비슷해져가고 있습니다. 세상을 변화시키고, 그리스도의 영향력을 끼치는 대신 오히려 영향을 받고 변질되어 가고 있습니다. 교회는 세상을 구원시켜야 하는 거룩한 책임을 감당해야 합니다. 밥 로버츠 목사의 말처럼 교회는 하나님과의 상호 관계에서 시작해 다른 사람들과의 투명한 연결을 거쳐 지역사회와 전 세계에 임팩트를 끼쳐야 합니다. 내부 변화에서 시작하여 바깥으로 섬김을 표현해야 합니다. 교회가 지역사회에 복음을 사랑으로 표현할 때 지역의 친구가 될 수 있습니다.

단지 자신의 교회와 교단을 생각하는 옹졸함을 벗고, 지역과 나라와 열방을 향한 선교 지향적인 교회가 되어야 합니다. 지역에 기생하는 교회가 아니라, 지역을 위해 기여하는 교회가 되어야 합니다. 사심을 품고 일하는 교회가 아니라, 사명을 따라 섬기는 교회가 되어야 합니다.

지역사회와 함께 가는 건강한 교회가 되기 위해서는 시민들이 가고 싶은 교회를 만드는 것입니다. 대부분의 믿지 않는 사람은 교회에 오는 것을 부담스러워합니다. 그러나 교회는 사람이 추구하는 육적 가치보다 교회에서 얻을 수 있는 영적 가치가 더 크다는 것을 알려줘야 합니다. 윤석철의 책『경영과 인생』에 보면 이런 말이 있습니다. "제품이 시장에서 잘 팔리려면 그 제품에 대해서 고객이 느끼는 가치가 가격보다 커야 한다." 그는 이 원리가 시장에 나온 제품에 관해서뿐만 아니라 사람에게도 성립한다고 주장합니다. "누구든지 자기 조직직장에서 환영받으려면 그가 받는 급료보다 더 큰 가치를 조직에 기여할 수 있어야 한다." 교회는 지역 주민들에게 지역사회에 꼭 필요한 공동체라는 이미지로 자리 잡아야 합니다. 저는 혹시 우리 교회가 다른 곳으로 이전하게 된다면 지역주민들이 교회 이전 반대 데모를 하게 만드는 발칙한 상상을 하고 있습니다.

영적 마케팅이 필요하다

이것을 교회적인 관점으로 바꿔서 생각하면 답이 나옵니다. 시민들이 교회에 오고 싶지 않은 이유보다 교회에 와야 할 이유를 더 크게 만드는 교회가 되어야 합니다. 교회는 하나님 나라 확장을 위해 믿지 않는 사람들을 교회로 이끌어 하나님의 자녀로 만들기 위한 영적인 마케팅 전략을 세워야 합니다. 개교회가 속한 지역사회를 철저히 연구해서 지역 시민들이 교회에 가고 싶도록 만들어야 합니다. 시민들이 교회에 주목하도록 만들어야 합니다. 교회에 대한 거부감보다 교회에 대한 관심과 흥미를 불러 일으켜야 합니다. 이를 위해서는 일회적인 전도행사나 이벤트가 아니라, 지속적인 관계성으로 다가가야 합니다. 단기적인 관점에서 접근하는 것이 아니라, 장기적인 계획을 갖고 나아가야 합니다. 아무리 작은 교회라도 지역사회를 변화시키려는 분명한 비전과 경영 계획을 세우고 지역을 친구로 만드는 영적 마케팅을 실행해야 건강한 교회로 부흥할 수 있습니다.

THE
CHURCH
DREAMS
AGAIN

2부
건강한 교회의 모델
꿈의 교회

7장 THE CHURCH DREAMS AGAIN
바로 그 교회

한 사람으로부터 시작된 교회

저는 미국 버지니아 린치버그에 위치한 리버티 신학대학원에서 기독교 교육 석사 과정을 2년 동안 공부했습니다. 그때 제리 폴웰 목사님이 시무하시던 토마스 로드 뱁티스트 교회에 출석했습니다. 제리 폴웰 목사님은 기독교 방송국을 세워 미국 전역에 설교 방송을 하셨습니다. 방송을 통해 미국의 도덕성 회복 운동을 주창하여 미국 보수주의 진영에 많은 영향력을 발휘하였습니다. 당시 린치버그 시는 인구 13만 명 정도 되는 중소도시에 불과했습니다. 제리 폴웰 목사님은 신학교를 졸업한 뒤 자신의 고향인 린치버그로 돌아와 토마스 로드 뱁티스트 교회를 개척하여 일만여 명의 성도가 출석하는 교회로 부흥시켰습니다. 교회만 부흥을 시킨 것이 아닙니다. 유치원부터 중학교, 고등학교, 대학교를 세워 그 도시 인구의 5분의 1정도가 그 학교들과 연관되어 생활을 하게 될 정도로 큰 기여를 하셨습니다. 그러다 보니 큰 영향력을 끼쳐서 제가 있을 당시 린치버그 시에는 퇴폐적인 술집이 없을 정도였습니다. 한 사람의 지도자와 한 교회가 하나의 도시를 거룩한 도시로 만든 것입니다. 거기서 저는 지역사회에 거룩한 영향력을 끼치는 한 교회에 대한 비전을 품게 되었습니다.

그 뒤 제가 공주로 되돌아올 때 그곳을 거룩한 도시로 만들고 한 도시를 넘어 열방에 영향력을 끼치는 건강한 교회를 세우겠다는 영적 사명감으로 목회를 시작했습니다. 당시 공주시도 린치버그와 같은 인구 13만 명 정도의 중소도시에 불과했습니다. 공주로 돌아온 뒤 성도들과 지역사회에 감동을 주고 세상에 영향력을 끼치는 교회가 되는 비전을 나누었습니다. 건강한 교회, 행복한 성도, 거룩한 도시에 대한 비전을 선포했습니다. 그리고 19년이 지난 지금 하나님은 이 비전이 공주를 넘어 대전과 세종에서 거룩한 복음의 영향력을 끼치는 교회가 되도록 만들어 주셨습니다.

현재 꿈의 교회의 재적 성도는 5,500명입니다. 주일에 공주 성전 1,300명, 대전 성전 420명, 세종 성전 2,700명 등 총 4,300명이 출석하는 교회로 부흥했습니다. 19년 전 제가 부임했을 당시보다 10배 이상으로 부흥된 셈입니다. 그러나 숫자적인 부흥이 중요한 것이 아닙니다. 중소도시의 전통적인 교회였던 꿈의 교회가 건강한 교회가 되었고, 공주를 넘어 대전에, 대전을 넘어 대한민국 행정의 중심인 세종시에 교회를 세우게 된 것입니다. 무엇보다 고무적인 것은 꿈의 교회는 한국의 교회 학교가 무너진 현 상황 속에서도 1,500명의 아이들이 출석하고 있다는 사실입니다.

꿈의 교회에서 제 사역을 구분하자면 다음과 같습니다. 제 1기 사역은 꿈의 교회로 부임한 1996년부터 교회의 영적 체질 개선 작업을 거쳐 새로운 교회 부지 3,500평을 구입하여 건축하고 입당한 2003년까지 8년 동안입니다. 이 기간은 오래된 전통교회를 건강한 목장교회로 전환하고 부흥한 시기입니다.

제 2기 사역은 좋은 교회에서 위대한 교회로의 비전을 선포한 2004년부터 세종 성전을 개척하기 전 2011년까지 8년 동안입니다. 이 기간 동안 우리 교회는 2008년말 대전 성전을 설립하였고, 두 날개 교회로 성장하며 세종시에 교회 건립을 위해 온 성도들이 한마음으로 기도하며 준비하였습니다. 이 기간에 꿈의 교회는 여러 곳에서 모이는 하나의 교회 형태인 멀티 사이트 캠퍼스 교회로 운영되었습니다.

제 3기 사역은 세종시에 상가를 임대하여 카페 브릿지를 오픈하고 카페 교회를 개척한 2012년부터 2013년 종교 부지에 세종 성전을 건축하고 입당하여 여러 교회가 한 비전과 사명으로 함께하는 멀티교회 비전을 준비하고 있는 2015년 현재까지입니다. 이제 꿈의 교회는 교회 창립 120주년이 되는 2016년부터 멀티교회가 되어 건강한 교회를 세우는 새로운 교회로 도약할 꿈을 다시 꾸고 있습니다.

오래된 전통교회에서 건강한 교회로

공주로 온 이후 몇 년 동안은 교회의 본질과 사명이 균형을 이루는 건강한 교회로 전환하기 위해 사람을 키우는 일에 전념했습니다. 셀 교회를 지향하는 분들은 이것을 영적 토양 작업이라고 부릅니다. 당시 저는 새벽을 깨우고 밤에 부르짖으며 계속되는 양육 훈련과 예배 갱신을 통해 교회의 영적 기본기를 다졌습니다. 교회가 말씀 위에 서도록 양육 훈련에 매진하면서 가정 사역 등 젊은 부부를 위한 프로그램도 시행하였습니다. 그런데 소방도로를 신설하는 도시 계획에 따라 교회를 옮길 수밖에 없는 상황이 되었습니다. 그리하여 웅진동에 교회당을 새롭게 건축하고 2003년 7월에 입당하였습니다. 돈은 없었지만 믿음으로 꿈꾸고 헌신한 열매였습니다. 2003년 교회당 건축 후 꿈의 교회는 공주 성전 성도들의 변화된 삶과 간증으로 폭발적인 교회 부흥을 경험하게 되었습니다.

지역 교회를 넘어 멀티 사이트 캠퍼스 교회로

2004년 세종시 건설 계획이 발표된 후, 하나님께서는 세종시에 대한 꿈을 품게 하시고 성도를 섬기는 좋은 교회를 넘어 교회를 섬기는 위대한 교회에 대한 비전을 주셨습니다. 그때는 멀티 사이트 캠퍼스 교회라는 개념으로 성도들에게 설명하지는 않았지만 세종시에 건강한 교회를 세우고, 한국의 행정 중심에서 복음의 영향력을 끼치는 교회로의 비전을 선포하고 함께 기도했습니다. 그러던 중 성도들의 요청으로 당시 신도시로 발전을 시작하던 대전시 유성구 반석동에 상가를 임대하고 대전 성전을 설립하게 되었습니다. 대전 성전은 장년 33명과 어린아이 20명으로 총 53명의 성도와 함께 개척을 시작했습니다. 공주 성전에서는 헌신된 목자와 양육 리더들을 파송했습니다. 주일에는 공주 성전 성도들이 목장별로 번갈아 주일 예배에 참석하며 대전 성전을 위해 기도했습니다. 함께하면 더 풍성해진다는 것을 삶으로 증명한 공주 성전 성도들의 섬김과 헌신, 그리고 대전 성전에서 목자로 섬기는 리더들이 함께하여 대전 성전은 설립 1년 만에 150명 이상의 성도가 출석하는 교회로 부흥하였습니다.

대전 성전 개척 초기에는 공주와 영상 생중계를 통해 교사와 헌신자들을 위한 1부 예배를 드리고, 2부 예배가 끝난 뒤에는 공주에서 대전으로 이동하여 예배를 인도하였습니다. 이 기간 동안 교회의 본질과 사명이 균형을 이루는 교회가 되도록 교육교회학교, 양육 훈련, 목장, 그리고 평생 교육원을 설립해 은사를 가진 성도들의 자발적인 섬김을 통해 운영하였습니다. 또 전도팀을 구성하여 아파트 전도 및 다양한 프로그램을 통한 전도로 교회는 건강하게 성장하였습니다. 그 결과 2015년 현재 매주 420여 명이 출석하고 있으며, 대전 성전을 담당하며 섬겼던 부사역자를 담임목사로 세워 멀티 교회 중 하나인 대전 꿈의 교회로 계속 부흥하고 있습니다.

카페 교회의 추억

공주와 대전의 두 성전이 부흥하고 있는 동안 여러 우여곡절 끝에 세종시는 건설되었고, 아파트 입주가 시작되고 있던 2012년 4월 세종시 첫마을 한솔동에 조그만 상가 하나를 임대하여 카페 브릿지를 오픈하였습니다. 당시 세종시는 건물도 없었고, 종교 부지는 건설허가도 나지 않은 상황이었습니다. 새로운 도시에 입주하는 주민들의 영적 편의를 위해 예배할 수 있는 공간이 시급한 상황이었습니다. 여느 신도시처럼 아파트에서 개척을 시작하는 교회들도 있었지만 주민들의 강력한 민원 제기로 얼마 가지 않아 대부분 문을 닫을 수밖에 없었습니다. 그래서 우리 교회는 당시 마땅한 편의 시설이 거의 없던 세종시 첫마을 주민들을 위해 평일에는 커피와 음료수를 판매하는 카페브릿지를 오픈하여 주민들을 위한 사랑방 개념으로 운영하고, 주일에는 예배 처소로 운영하는 계획을 세웠습니다. 카페 인테리어는 신세대 주부들을 겨냥한 컨셉으로 만들었고 아이를 데리고 오는 주부들도 편하게 올 수 있도록 했습니다. 카페 운영을 위해 헌신된 리더들을 선택해 커피 전문가의 도움을 받아 커피 및 영업에 필요한 기술과 서비스를 훈련했습니다.

우리 교회가 세운 카페 브릿지는 첫마을에서 유명한 장소가 되었고, 사람들이 많이 찾는 공간이 되었습니다. 카페 브릿지는 세종 꿈의 교회가 건축되어 입당할 때까지 약 2년 가까이 복음을 위한 전진기지 역할을 충실히 수행하였습니다. 주중에는 주민을 위한 문화공간으로 사용하였고 평일 새벽에는 '커피 향기가 있는 아침 묵상'이라는 전단지를 돌리고 찾아오는 성도들을 위한 새벽예배 장소로 사용했습니다. 수요일 저녁에는 영업을 일찍 마감하고 수요예배를 드렸습니다. 주일은 당연히 영업을 중단하고 주일예배를 드렸습니다. 평일 카페 운영은 미리 훈련시킨 헌신된 리더들이 종업원으로 카페를 운영하도록 하면서 자연스럽게 교회 홍보 센터로 사용하였습니다. 카페 교회로 시작한 세종 성전을 섬길 수 있도록 당시 공주 성전에서 섬기고 있던 헌신된 리더 세 가정을 세종시로 이사 오도록 하였습니다.

얼마 후 카페 교회 새벽 예배 때 나온 한 부부를 씨앗 성도로 하여 4월 15일 주일부터 카페에서 세종 성전 주일 예배를 시작하였습니다. 처음에는 세종 주일 예배 때 대전 성전 때와 마찬가지로 공주 성전의 목장들이 돌아가면서 예배에 출석해 함께 예배에 참석하고 중보 기도로 섬겼습니다. 그러나 성도들이 많아지면서 예배 시간을 4부로 늘리고 오후 2시에 드려지는 예배도 제가 직접 설교하기 시작하였습니다. 주일학교 아이들은 근처에서 어린이집을 운영하는 집사님의 배려로 학원을 빌려 사용하였습니다. 또한 원하는 아이들은 자동차를 운행하여 15분 거리에 있는 대전 성전으로 보내 함께 예배하게 하였습니다. 카페 교회는 점점 부흥하였고 그 다음 해 겨울 주일에는 자리가 비좁아 카페 문을 열고 예배하는 상황에 이르렀습니다. 카페에 놓인 좌석수가 50석 정도 되고, 추가로 보조의자를 놓으면 80명 정도가 예배할 수 있었는데 3부 예배에 참석한 인원이 120명이 넘었습니다. 세종 성전을 건축하고 입당하기 전인 11월경에는 카페에서 드리는 예배에 참석하는 성도들이 거의 300명 가까이 되었습니다. 열악한 상황에서도 믿음의 추억을 만들자고 격려하며 함께해 준 성도들이 고마울 따름입니다.

믿음으로 꿈을 꾸면 하나님이 이루신다

카페 브릿지에서 예배하는 동안 우리 교회는 2013년 1월 세종시 첫마을에 위치한 종교 부지 567평를 구입하여 세종 성전 건축을 시작하였습니다. 그해 성탄절 입당을 목표로 건축한 세종 성전은 하나님의 은혜로 순조롭게 건축되어 약 2,200평의 예배당을 신축하고 예정대로 입당하였습니다. 그러자 당시 신도시의 열악한 문화 환경 속에서 주민을 위해 어린이날 행사와 첫마을 공동체가 진행하는 각종 행사에 보이지 않게 지원하며 섬기던 우리 교회를 주목하고 있던 많은 사람이 교회를 찾았고, 교회는 계속 부흥하였습니다. 2012년 4월 카페 교회로 시작했던 세종 꿈의 교회는 3년 반이 지난 2015년 말 현재 장년 1,800명, 교회학교 900명, 도합 2,700명이 출석하는 교회로 부흥하였습니다. 공주라는 작은 중소도시에서 주일학교까지 400명이 출석하던 전통적인 교회였던 꿈의 교회가 현재는 공주, 대전, 세종 성전에서 5,500여 명의 성도가 한 비전과 사명 안에서 신앙생활하게 되었습니다.

처음부터 오늘의 결과를 예상한 것은 아닙니다. 매 순간 인도하시는 하나님을 전적으로 신뢰하며 살아온 믿음의 결과일 뿐입니다. 사실은 저도 불안하고 두려웠던 때도 있었으며, 가슴이 무너져 내리는 시간도 많았습니다. 한 치 앞이 보이지 않아 눈물 흘리며 몸부림치던 때도 있었습니다. 솔직히 말해 꿈의 교회에서 계속 목회해야 되는가를 진지하게 고민하며 흔들릴 때도 있었습니다. 심지어 목회를 내려놓고 싶은 마음조차 들 때도 있었습니다. 공주 성전 건축 과정에서는 건축비가 없어 아무도 없는 밤중에 공사 현장 바닥에 엎드려 눈물로 기도했던 것이 한두 번이 아닙니다. 건축비를 떼어 먹은 업자 때문에 업체들로부터 다섯 건이나 고발을 당하며 피 말리는 재판을 진행하기도 했습니다. 대체 내가 왜 이 괴로움을 당해야 하는지를 자문하며 답답하고 외로운 싸움을 해야 했습니다. 새로 오는 성도들에게 건축 부채에 대한 부담을 주지 않으려고 태연한 척 했지만, 그 시절의 절박함은 오히려 하나님께 모든 것을 걸고 목회하도록 만든 영적 능력이 되었습니다.

지난날을 되돌아보니 이 모든 과정은 오늘의 저와 꿈의 교회를 만들어낸 축복의 기간이었습니다. 견디기 힘든 고난과 어려운 일들은 얍복강 야곱처럼 하나님께 매달리게 만든 믿음의 기회가 되었습니다. 하나님은 교회와 함께 울고 웃었던 저의 눈물과 아픔을 영적 성숙을 위한 훈련 과정이 되게 하셨습니다.

새로운 교회, 멀티 교회를 다시 꿈꾸다

공주라는 작은 도시에서 건강한 교회를 꿈꾸며 달려왔고 그 꿈을 이룬 지금, 꿈의 교회는 좋은 교회를 넘어 교회를 섬기는 위대한 교회로 도약하자는 비전을 다시 품었습니다. 그 결과 공주, 대전, 세종에서 하나님 나라를 확장하는 멀티 사이트 캠퍼스 교회가 되었습니다. 그러나 이제 꿈의 교회는 여러 교회가 한 비전과 사명을 품고 교회가 필요한 사람들을 위해 또 다른 건강한 교회를 세워나가는 교회가 되는 꿈을 꾸고 있습니다. 건강한 교회를 넘어 하나님 나라의 실재를 보여주는 새로운 교회 모델이 되려는 꿈을 다시 꾸고 있습니다. 멀티 교회로 거듭나는 이 비전은 꿈의 교회 창립 120주년이 되는 2016년 6월 비전 선포식과 더불어 시작될 것입니다.

멀티 교회는 한곳에 모여 교회 외형을 키우거나 지 교회나 지 성전 형식으로 교회 확장을 도모하는 교회가 아닙니다. 멀티 교회는 교회 행정까지 독립시켜 완전히 독립된 교회로 운영하되 한 비전 안에서 한 사명을 갖고 함께 사역하는 교회입니다. 우리가 다시 꿈꾸는 멀티 교회는 교회의 본질에 충실하면서 이 땅에 하나님 나라의 실재를 보여주는 교회가 될 것입니다. 우리는 주님이 다시 오실 때까지 하나님 나라가 도래할 때까지, 성경이 보여준 교회의 원형을 이 땅에 보여주는 새로운 교회를 다시 꿈꾸고 있습니다.

8장 THE CHURCH DREAMS AGAIN
건강한 목장교회로 전환하는 로드맵 1

가족 같은 교회? 가족이 되는 교회!

교회는 세상의 중심에서 하나님 나라를 보여주는 영적인 모델 하우스와 같습니다. 교회는 하나님 나라를 건설하기 위해 세상에 남겨두신 하나님의 꿈이며 마지막 대안입니다. 그렇기 때문에 교회는 목회자 중심의 전통교회에서 평신도 사역자를 세우는 목장셀교회로 전환해야 합니다. 교회의 본질인 공동체성이 튼튼해야 건강한 교회로 부흥할 수 있기 때문입니다. 초대교회의 성도들은 삶을 함께 나눴고, 서로의 아픔에 대해 민감하였으며 서로를 격려하는 삶을 살았습니다행 2:44-47. 우리는 그들을 통해 진정한 교회 공동체의 모습이 무엇인지를 배울 수 있습니다. 바울 사도는 히브리서 10장 24-25절에서 "서로 돌아보아 사랑과 선행을 격려하며 모이기를 폐하는 어떤 사람들의 습관과 같이 하지 말고 오직 권하여 그 날이 가까움을 볼수록 더욱 그리하자."고 공동체의 삶에 대해 강조하고 있습니다.

교회 공동체의 중요성은 하나님의 성품과 창조사역을 통해 발견할 수 있습니다. 하나님은 태초에 천지를 만드실 때 남자와 여자가 하나 된 공동체를 이루도록 창조하셨습니다창 2:24. 하나님이 처음으로 만드신 것이 공동체입니다. 하나 됨은 하나님 자신의 존재 방식입니다. 그렇기 때문에 하나님이 사람을 창조하셨을 때 한 분이신 하나님의 형상을 따라 하나 된 공동체가 되도록 만드신 것입니다. 공동체는 우연히 만들어진 것이 아닙니다. 공동체의 본질을 가지고 계신 하나님으로부터 시작된 것입니다. 하나님은 사람을 사랑하셔서 가정 공동체를 창조하셨습니다. 하나님은 죄로 타락한 사람을 구원하기 위해 교회 공동체를 남기셨습니다. 길버트 빌지키언Gilbert Bilezikian 박사는 이렇게 말합니다. "공동체의 형성은 그리스도인들의 선택 사항이 아니다. 그것은 절박하고 철회 불가능한 필수 요소이며, 모든 시대의 모든 신자들을 하나로 묶어 주는 거룩한 명령이다."

홀로 그리스도인이 될 수는 없다

공동체를 건설하고 교회 공동체 안에 거하라는 하나님의 명령을 거부하거나 불순종하면, 결과적으로 공동체의 창조자이신 하나님을 저버리고 우리 안에 계신 그분의 형상을 배반하게 됩니다. 그리스도의 이름으로 하나 된 교회 공동체는 세상을 향한 하나님의 비전입니다. 요한복음 17장 11절에 보면 예수님은 "나는 세상에 더 있지 아니하오나 그들은 세상에 있사옵고 나는 아버지께로 가옵나니 거룩하신 아버지여 내게 주신 아버지의 이름으로 그들을 보전하사 우리와 같이 그들도 하나가 되게 하옵소서."라고 기도하였습니다. 역사를 살펴보면 하나님은 하나 된 교회 공동체를 추구해 오셨습니다. 이 일은 역사의 마지막까지 계속될 것입니다. 그리고 교회 공동체에 대한 하나님의 꿈은 교회가 시간의 구속에서 벗어나 영원 속으로 들어가서, 구속의 사랑으로 안아주시는 하나님의 품에 안기며 신랑 되신 주님과 신부로서 연합할 때 영광스럽게 이루어질 것입니다. 단지 교회처럼 흉내내거나Play Church 교회처럼 행동하는 Do Church 데 그치는 것이 아니라 하나님이 원하시는 진정한 사랑의 공동체의 모습을 회복해야 합니다. 그래서 폴 투르니에는 이렇게 강조합니다. "혼자서는 할 수 없는 것이 두 가지가 있다. 하나는 결혼이고 또 하나는 그리스도인이 되는 것이다." 그 누구도 홀로 그리스도인이 될 수 없고, 그 어떤 사람도 교회 공동체에 소속되지 않고서 행복한 신앙생활을 할 수 없습니다.

교회의 본질 공동체

이제 구역을 목장교회로 전환시키는 원리에 대해서 살펴보겠습니다. 모세는 출애굽 사건 뒤 이스라엘 백성들을 이끌면서 혼자서는 모든 일을 감당할 수 없는 지도력의 위기에 봉착하게 되었습니다. 이때 모세는 모든 백성을 효율적으로 지도하고 인도하기 위해 장인 이드로의 제안을 받아들여 이스라엘 백성을 이끌어가는 시스템에 큰 변화를 주게 됩니다출 18:25. 변화는 변화를 만들어 낼 수 있는 시스템으로 전환이 이루어질 때 그 위력은 시너지 효과를 발휘하게 되어 있습니다. 험한 산을 오를 때 등반하는 사람들이 서로의 몸을 로프로 연결하면 그중 한 명이 발을 헛디뎌도 목숨을 건질 수 있습니다. 우리가 구역을 목장교회로 전환해야 할 이유는 교회 공동체가 함께 생존하기 위해서입니다. 성도들의 삶을 영적인 로프로 서로 연결한다면 서로가 서로를 안전하게 지켜줄 수 있습니다. 서로를 연결해주는 로프가 바로 목장교회입니다. 릭

워렌 목사가 시무하고 있는 새들백 교회에서 교회를 선택한 이유를 조사했더니 93%가 '목사의 설교 때문'이라고 대답했습니다. 그래서 목사가 교회를 떠나면 다른 교회로 옮기겠느냐고 물었더니 93%가 교회를 떠나지 않겠다고 응답했습니다. 그 이유는 교회에 친구, 혹은 관계하고 있는 성도들이 있기 때문이라는 것입니다. 전도서 4장 9절-12절에 보면 "두 사람이 한 사람보다 나음은 그들이 수고함으로 좋은 상을 얻을 것임이라 혹시 그들이 넘어지면 하나가 그 동무를 붙들어 일으키려니와 홀로 있어 넘어지고 붙들어 일으킬 자가 없는 자에게는 화가 있으리라 또 두 사람이 함께 누우면 따뜻하거니와 한 사람이면 어찌 따뜻하랴 한 사람이면 패하겠거니와 두 사람이면 맞설 수 있나니 세 겹줄은 쉽게 끊어지지 아니하느니라."고 말합니다. 성도들이 서로 연결되고 함께 하는 목장교회로 전환해야 건강한 교회가 될 수 있습니다.

그러면 왜 목장교회입니까? 교회의 크기가 중요한 것이 아니라 영적인 능력이 중요하기 때문입니다. 세상의 변화는 그리스도 안에서 하나 되어 예수 이름의 능력을 소유한 교회를 통해 이루어집니다. 사탄은 사람을 분열시켜 정복하지만 하나님은 하나 된 성도들의 공동체를 통해 세상을 정복합니다. 빌 하이벨스 목사의 말처럼 복음은 전파되어야 하며, 잃어버린 것은 찾아야 하며, 성도들은 연합해야 하며, 가난한 자들은 섬김을 받아야 하며, 외로운 자들은 공동체 안에서 위로받아야 하며, 그 모든 것에 대한 영광은 온전히 하나님께 바쳐야 합니다. 만일 성도들이 모여 예배만 드리거나 성경공부만 하고 흩어진다면 믿음을 실제 삶에 적용하는 훈련은 할 수 없을 것입니다. 굳이 목장이라는 이름으로 바꾸지 않더라도 성도들이 소그룹 안에서 서로의 삶을 나누며 가족 됨을 경험하도록 만들 수만 있다면 공동체의 본질을 회복한 건강한 교회가 될 수 있을 것입니다.

왜 목장교회인가?

목장교회로 전환해야 하는 첫 번째 이유는 건강한 교회 공동체를 만드는 유일한 대안이기 때문입니다. 요한복음 17장 22절에서는 "내게 주신 영광을 내가 저희에게 주었사오니 이는 우리가 하나가 된 것 같이 저희도 하나가 되게 하려 함이니이다."라고 말합니다. 예수님이 사역하실 때 많은 사람이 따랐지만 소수의 제자들만 선택하셨습니다눅 6:13. 초대교회도 소그룹으로 모였습니다. 가정에서 작게 모였습니다. 오늘날 많은 성도가 대 예배에 한 번 참석하는 것을 신앙생활의 전부로 착각하고 있습니다. 그러나 작은 그룹에서 친밀한 사랑의 교제를 경험하지 못하고 종교적인 의식처럼 예배만 출석한다면 진짜 교회가 무엇인지를 경험하지 못할 것입니다. 그렇기 때문에 교회는 성도들에게 친밀한 사랑의 교제를 할 수 있도록 기회를 만들어줘야 합니다.

교회 부흥의 시작 – 목장교회

목장교회로 전환해야 하는 두 번째 이유는 모든 성도를 사역자로 세우는 가장 효과적인 방법이기 때문입니다. 교회는 유람선이 아니라, 군함입니다. 성경은 모든 성도가 사역자로 섬기는 공동체가 되기를 기대하고 있고, 이런 공동체는 목장교회를 통해 이루어집니다. 보통 전통교회에서 사역하는 성도는 20% 정도입니다. 그러나 목장교회로 전환하면 훨씬 더 많은 성도들이 사역자로 섬길 수 있습니다. 우리 교회 예를 봐도 목장 안에서 이끔이목자, 찬양이찬양인도자, 섬김이부목자 드림이헌금관리, 기도미중보사역자, 깔끔이예배 정리 도우미아이돌보는 사역자 등 목장에 소속된 성도 대부분이 사역자로 섬기고 있습니다. 뿐만 아니라 목자는 목원들이 자신의 은사와 재능에 맞는 일을 찾아 교회를 섬길 수 있도록 격려합니다. 또한 가정과 직장, 나아가 세상 속에서 사역자로 살도록 도전합니다. 성도들이 교회와 하나님을 섬기는 사역자로 만드는 산실이 바로 목장인 것입니다. 로버트 레인즈는 이렇게 말합니다. "공동체에서 우리의 임무는 우리의 은사를 다른 사람에게 나누어 주는 것뿐만 아니라 다른 사람이 가진 은사도 스스로 발견할 수 있도록 돕는 것이다." 건강한 교회는 모든 성도가 사역자로 섬길 뿐 아니라, 다른 성도들이 사역자로 섬길 수 있도록 돕는 일을 즐겁게 여깁니다.

  목장교회로 전환해야 하는 세 번째 이유는, 건강한 교회로 부흥하게 만드는 성경적 모델이기 때문입니다. 사도행전 2장 46-47절에 보면 초대교회 부흥의 비결이 소개됩니다. "날마다 마음을 같이하여 성전에 모이기를 힘쓰고 집에서 떡을 떼며 기쁨과 순전한 마음으로 음식을 먹고 하나님을 찬미하며 또 온 백성에게 칭송을 받으니 주께서 구원 받는 사람을 날마다 더하게 하시니라." 교회의 부흥은 사람의 방법으로 되는 것이 아니라, 하나님의 방법으로 이루어집니다. 사람의 능력으로 성취되는 것이 아니라, 하나님의 능력으로 성취됩니다. 오늘날 어떤 목회자들은 목장교회나 셀을 교회성장의 한 방편으로 생각합니다. 그러나 목장교회는 프로그램이 아니라 철학입니다. 목회 방법이 아니라 교회가 추구해야 하는 본질과 목적입니다. 내 멋대로 목회하지 않고, 주님의 말씀을 따르는 목회가 건강한 교회를 만듭니다.

함께 하면 풍성해집니다

꿈의 교회는 새들백 교회의 릭 워렌 목사님이 제안한 '공동체가 이끄는 40일 캠페인'을 실시했던 적이 있습니다. '우리가 함께 하면 풍성해집니다'라는 주제로 시작한 40일 캠페인은 교회의 공동체성을 더 견고하게 만드는 계기가 되었습니다. 이 캠페인에서 강조하는 내용은 다음과 같습니다.

1) 우리는 함께 전도하도록 사명을 받았다.
2) 우리는 함께 교제하도록 선택받았다.
3) 우리는 함께 성장하도록 연결되었다.
4) 우리는 함께 섬기도록 부름받았다.
5) 우리는 함께 예배하도록 창조되었다.

하나님은 교회를, 함께 삶을 나누고, 함께 기도하고, 함께 사역하고, 함께 섬기는 영적인 공동체로 만드셨습니다. 교회는 하나님 나라를 향한 동일한 목표를 갖고 있는 사람들입니다. 하나님의 약속에 대한 동일한 관심을 가지고 있는 사람들입니다. 목장교회의 목적은 이런 공동체로 세워지는 것입니다. 빌립보서 2장 2-4절에 있는 말씀처럼 삶을 함께하는 목장교회가 되어야 합니다. "마음을 같이하여 같은 사랑을 가지고 뜻을 합하며 한마음을 품어 아무 일에든지 다툼이나 허영으로 하지 말고 오직 겸손한 마음으로 각각 자기보다 남을 낫게 여기고 각각 자기 일을 돌볼뿐더러 또한 각각 다른 사람들의 일을 돌보아 나의 기쁨을 충만하게 하라." 우리가 함께 하면 풍성해지기 때문입니다.

독립군으로 일하지 말고 연합군으로 승리하라

안타깝게도 오늘날 어떤 교회들은 하나님이 주신 '함께함'의 능력을 상실하고 있습니다. 하나님은 교회가 연합군으로 섬기기를 원하는데 성도들은 독립군처럼 일하려고 합니다. 초대교회처럼 부흥하려면 함께하는 교회가 되어야 합니다. 이런 초대교회 모습이 사도행전 2장 42-47절에 잘 묘사되어 있습니다. "그들이 사도의 가르침을 받아 서로 교제하고 떡을 떼며 오로지 기도하기를 힘쓰니라 사람마다 두려워하는데 사도들로 말미암아 기사와 표적이 많이 나타나니 믿는 사람이 다 함께 있어 모든 물건을 서로 통용하고 또 재산과 소유를 팔아 각 사람의 필요를 따라 나눠 주며 날마다 마음을 같이하여 성전에 모이기를 힘쓰고 집에서 떡을 떼며 기쁨과 순전한 마음으로 음식을 먹고 하나님을 찬미하며 또 온 백성에게 칭송을 받으니 주께서 구원 받는 사람을 날마다 더하게 하시니라." 초대교회는 어려움을 나누며 서로 돕는 공동체였습니다. 기쁨이 가득한 공동체였으며 순전한 마음이 있는 공동체였습니다. 주변 사람들에게 칭찬받는 공동체였습니다. 서로 경쟁하고 질투하고 미워하는 것이 아니라 격려하고 사랑하고 세워주는 공동체였습니다. 이런 공동체가 되었기 때문에 초대교회는 사람들에게 칭찬받으며 날마다 수많은 사람들이 몰려드는 교회가 된 것입니다.

건강한 교회 원형 초대교회 해부

성경에 나타난 초대교회의 특징을 세 가지로 설명할 수 있습니다. 첫째, 초대교회는 소그룹으로 모였습니다. 오늘날 대형교회에서 하나님이 원하시는 진정한 공동체의 모습을 기대하기란 쉽지 않은 일입니다. 초대교회는 훗날 큰 도시에 교회가 세워졌을 때에도 여전히 가정 교회로 작게 모였습니다(롬 16:5, 10-11, 14-15, 고전 16:15, 19). 왜냐하면 사람들은 소그룹에서 친밀해지고 서로를 알고, 돌보고, 삶을 공유하며, 도전과 도움을 주기 때문입니다. 소그룹에서 죄를 고백하며 용서하고 용서받습니다. 소그룹에서 함께 울고 웃으며 서로에 대한 책임을 지게 됩니다. 소그룹에서 서로를 점검해주며 함께 성장합니다. 사람들은 우연히 성장하거나 홀로 성장하는 것이 아닙니다. 다른 사람들과의 관계 속에서 상호작용의 결과로 성장하고 성숙하게 됩니다. 현대 교회가 초대교회처럼 공동체적인 삶을 구현하려면 작게 모여야 합니다. 소그룹 모임을 통해서만 성도간의 친밀한 사랑을 경험하게 되며 이 사랑을 통해서 하나 된 교회 공동체로 세워집니다. 사도행전 12장 12절에 나오는 초대교회 모습이 이런 사실을 증거 합니다. "깨닫고 마가라 하는 요한의 어머니 마리아의 집에 가니 여러 사람이 거기에 모여 기도하고 있더라." 예루살렘 교회의 성도들은 많은 사람이 함께 예배했지만 작게 모였습니다. 에베소 교회도 작게 모였습니다. 고린도전서 16장 19절에 "아시아의 교회들이 너희에게 문안하고 아굴라와 브리스가와 그 집에 있는 교회가 주 안에서 너희에게 간절히 문안하고."라고 말합니다. 라오디게아 교회도 작게 모였습니다. 골로새서 4장 15절 "라오디게아에 있는 형제들과 눔바와 그 여자의 집에 있는 교회에 문안하고." 사실 사람이 많이 모인 곳에서 각자의 삶을 나누고 기도제목을 나눈다는 것은 거의 불가능합니다. 소그룹으로 모여야 서로가 친밀해져서 삶을 나누고 깊은 기도 제목도 나누게 되는 것입니다. 그렇기 때문에 교회는 소그룹으로 모여야 함께하는 공동체로 세워질 수 있습니다.

    초대교회의 두 번째 특징은 자주 모이는 것입니다. 사도행전 2장 46절에 보면 "날마다 마음을 같이하여 성전에 모이기를 힘쓰고 집에서 떡을 떼며 기쁨과 순전한 마음으로 음식을 먹고." 제가 꿈의 교회에 처음 부임했을 때 남자 목장이 없었습니다. 남선교회라는 이름으로 두세 달에 한 번 모여 식사하고 회의하며 친교를 나누는 것이 전부였습니다. 그러나 목장교회로 전환하고 목장 모임 안에서 함께 삶을 나누고 기도하기 시작하면서 목장 모임이 뜨거워졌습니다. 당시 어떤 남자 집사님이 저에게 한 말이 기억납니다. "목사님은 사회생활을 해보지 않아서 잘 모르시나 본데요. 요즘 남자들은 직장에서 얼마나 바쁜지 예배 참석하는 것을 제외하고 일주일에 또 모여서 목장 모임을 할 여유가 없습니다." 물론 그분 말씀처럼 남자들이 자주 모인다는 것은 참으로 힘든 과제입니다. 그런데 지금 우리 교회는 대부분의 남자 성도들이 목장 모임에 참석해서 함께 삶을 나누고 기도 제목을 나누고 있습니다. 언젠가 한 남자 새 가족이 저에게 이런 말을 해서 함께 웃은 적이 있습니다. "목사님, 제가 술을 안 먹으면서 남자들끼리 이렇게 오래 이야기하기는 처음입니다." 사람들이 자주 모이기를 싫어하는 이유는 모임에 가고 싶은 동기부여가 안 되기 때문입니다. 그러나 소그룹 모임이 좋고 유익하다고 느끼면 자주 모이게 되어 있습니다. 목장교회에서 위로받고 격려받을 수 있다면 자주 모이는 것이 불편하지 않고 기다려지게 되어 있습니다.

다음은 꿈의 교회의 양육을 마친 한 남자 집사님의 간증문입니다.

'새로운 삶' 양육을 받고 목장 모임에 참석하면서 그동안 다 알고 있다고 착각했던 신앙의 기본이 다시 세워지는 느낌이었습니다. 특히, 목장모임을 통해서 남자들끼리 모여 기도제목을 나누고 서로를 위해 기도해 준다는 것이 상당히 낯선 풍경이었지만 신선하게 다가왔습니다. 제 자신의 솔직한 고민을 기도제목으로 나누고, 다른 목원을 위해 중보하기 시작하면서 막연하기만 했던 기도의 내용들이 구체적으로 다가왔습니다. 저 또한 기도 제목이었던 '새로운 프로젝트의 성공'은 여러 가지 여건상 불가능해 보여서 기대 없이 내놓은 기도제목이었지만, 실마리가 잘 보이지 않았던 문제가 새로운 돌파구를 찾고 생각했던 것보다 더 나은 결과를 낳는 것을 보면서 목장 중보기도가 갖는 힘을 새삼 느끼게 되었습니다. 목원들의 구체적인 기도제목들이 다양한 방식으로 응답받는 것을 보면서, 주님의 동행하심을 느끼게 되고 목장의 소중함을 깨닫게 됩니다.

초대교회의 세 번째 특징은 함께 모이는 것입니다. 빌레몬서 1장 5-7절에 보면 "주 예수와 및 모든 성도에 대한 네 사랑과 믿음이 있음을 들음이니 이로써 네 믿음의 교제가 우리 가운데 있는 선을 알게 하고 그리스도께 이르도록 역사하느니라 형제여 성도들의 마음이 너로 말미암아 평안함을 얻었으니 내가 너의 사랑으로 많은 기쁨과 위로를 받았노라."고 말합니다. 성경에 보면 초대교회 성도들은 적게 자주, 함께 모여서 사랑과 믿음의 교제를 나누었습니다. 소그룹 모임에서 평안과 기쁨과 위로를 얻었습니다. 히브리서 10장 24-25절에 보면 "서로 돌아보아 사랑과 선행을 격려하며 모이기를 폐하는 어떤 사람들의 습관과 같이 하지 말고 오직 권하여 그 날이 가까움을 볼수록 더욱 그리하자."고 권면합니다. 성도들은 목장교회 안에서 믿음의 교제를 통해 하나님 자녀의 축복을 경험하게 되고, 성도들은 목장교회 안에서 서로를 이해하면서 함께 하나님을 섬기는 방법을 배워가게 됩니다. 함께할 때 풍성해지고, 함께할 때 넘치게 됩니다. 비록 많은 난관과 어려움이 있더라도 우리는 함께하는 훈련을 통해 영적인 공동체인 교회를 든든하게 세우고 하나님 나라를 확장해 나가야 합니다.

사역이 아니라 관계입니다

어떤 목사님은 목장교회(셀 교회)로의 전환을 서두르다가 오히려 교회에 분란이 생겨 목회에 큰 어려움을 당하는 것을 봤습니다. 서두르면 이스마엘이 되고 기다리면 이삭이 되는 법입니다. 무엇이든지 한 번에 이루어지지 않습니다. 높은 건물일수록 기초를 다지는 시간이 더 길어야 합니다. 예수님도 제자를 키우고 세우는 데 3년 반의 시간이 걸렸습니다. 이처럼 건강한 목장교회를 세우기 위해서는 반드시 적절한 준비과정과 단계가 필요합니다. (1)목장교회를 시작할 수 있는 리더들을 키울 시간이 필요합니다. (2)목장 공동체를 발전시킬 시간이 필요합니다. (3)새신자들을 제자로 만들 시간이 필요합니다. (4)재생산과 교회성장을 위한 시간이 필요합니다. (5)목장교회의 하부 구조를 세울 시간이 필요합니다. 목장교회는 사역이 아니라 관계이기 때문에 관계 형성을 위한 시간과 상호 신뢰와 믿음이 생기는 과정이 필요한 것입니다. 대부분의 교회가 목장교회로의 전환을 실패하는 이유는 목장을 관계가 아니라 사역으로 접근했기 때문입니다. 즉 본질로 접근하지 않고, 프로그램으로 접근했기 때문입니다. 목장교회는 전적으로 영적인 관계성을 기초로 합니다. 신앙생활도 마찬가지입니다. 하나님을 위해 어떤 일을 할 것인가에 초점을 맞추기보다 하나님과 어떤 관계를 맺을 것인가를 더 중요하게 여겨야 합니다. 사역은 이러한 하나님과의 친밀한 관계 위에서 시작되는 것이기 때문입니다. 따라서 교회를 목장교회로 전환하기 원한다면 다음의 단계들을 고려해야 합니다.

9장 THE CHURCH DREAMS AGAIN
건강한 목장교회로 전환하는 로드맵 2

건강한 목장교회로 전환하는 단계

첫째로 목장교회로 전환하기 위해서는 영적 토양화 작업이 필요합니다. 영적 토양화 작업이란 성도들이 교회가 하나님의 공동체라는 사실을 이해하게 만드는 것입니다. 성도들이 공동체적인 삶을 살 수 있도록 그들의 생각과 가치관을 변화시키는 것입니다. 교회의 시스템과 분위기가 공동체적인 삶을 중요하게 여기도록 만들어야 합니다. 이를 위해 목사는 성도들에게 교회가 공동체임을 계속해서 의식화시켜야 합니다. 양육 훈련을 통해 성도들의 가치관을 변화시켜야 합니다. 설교와 양육, 훈련과 세미나 등을 통해 성도들에게 건강한 교회의 의미를 깨닫게 해야 합니다. 교회가 영적 공동체라는 사실을 성도들이 깊이 공감하지 못한 상태에서 단지 이름과 조직만 목장으로 전환하는 것은 수영을 못 하는 아이를 깊은 물속으로 떠밀어 버리는 것처럼 무모한 일입니다. 그러므로 목사는 성도들에게 건강한 교회론을 계속해서 가르치고, 도전하고, 반복하고, 기도해야 합니다. 이를 위해 교회의 핵심 리더들과 건강한 목장교회의 모델이 될 만한 교회들을 함께 탐방하여 눈으로 보여주는 것도 영적 토양화 작업의 중요한 과정입니다.

또 다른 영적 토양화 작업의 핵심은 소수의 헌신된 사람들을 선택하는 것입니다. 이들을 양육, 훈련과정을 통해 발견하고 키워내야 합니다. 처음 선택된 제자들은 목장교회를 세우는 씨앗과 같습니다. 이들의 영적 품질에 따라 훗날 목장교회의 열매에 엄청난 차이를 가져올 수 있습니다. 그렇기 때문에 이들을 향한 담임목사의 넘치는 헌신이 필요합니다. 저는 청년 그룹을 비롯한 몇 개의 그룹을 만들고 비공식적인 양육 훈련을 시작했습니다. 그리고 마치 성도들이 그들밖에 없는 것처럼 집중해서 양육 훈련을 시켰습니다. 그 후 헌신된 사람들을 택하여 목장을 시작했습니다. 물론 처음에 시작했던 사람 전부가 리더가 되는 것은 아닙니다. 제가 기대했던 사람은 뒤처지고, 기대하지 않았던 사람이 치고 올라오는 경우도 있었습니다. 그래서 최선은 다하지만 하나님이 어떻게 일하시는지를 영적인 민감함을 가지고 주목해야 합니다.

둘째로 선택된 씨앗 목장을 모델적인 목장으로 세우는 일입니다. 이 과정은 씨를 뿌리고 모판을 만드는 작업과 비슷합니다. 모내기를 하려면 논에 씨를 바로 뿌리는 것이 아니라 모판에 뿌려 키운 뒤 적당한 때 모내기를 통해 논에 옮겨 심습니다. 목장교회로의 전환도 이와 같습니다. 교회 전체를 목장교회로 전환하기 위해서는 모델이 될 수 있는 핵심 목장을 모판처럼 키워내야 합니다. 또 핵심 목장에서 자란 이들이 목장교회를 이해하고 목장을 이끌어 나갈 정도로 충분히 준비되었을 때 이들을 목자로 세우고 목장교회를 시작해야 합니다. 또한 누구나 목자가 될 수 있지만 아무나 목자가 될 수 있는 것은 아닙니다. 예수님도 제자들을 선택했습니다. 헌신된 사람을 선택하는 것은 목장교회의 든든한 기초가 됩니다. 그래서 저는 꿈의 교회에 부임한 이후 변화를 쉽게 수용하는 청년들을 교회의 공동체성 회복을 위한 파장의 진원지로 선택했습니다. 호수에 돌을 던지면 그 파장이 호수 전체로 퍼지는 것처럼 공동체의 삶을 체험할 수 있는 하나의 모델적인 소그룹을 통해 목장이 전 교회로 확산되어 가도록 만들었습니다. 변화가 또 다른 변화를 이끌어 내는 원리입니다. 세종 성전에서 목장을 시작할 때도 헌신된 소수의 리더와 함께 목장을 시작했습니다. 처음에 보여주는 모습이 목장의 문화가 되기 때문입니다.

씨앗 목장 스토리

앞서 말한 과정을 좀 더 자세히 설명하면 저는 1년 동안 양육한 청년 중에서 가장 신실한 7명을 택해 목자로 세웠습니다. 그리고 일주일에 3시간 이상씩 저의 삶을 그들에게 투자했습니다. 함께 목장 모임을 하면서 마음속 깊은 상처와 아픔까지도 서로 나누었습니다. 목장 모임 시간이 아니더라도 진정한 영적 아비가 무엇인지 경험할 수 있도록 관심을 갖고 돌보고 격려했습니다. 그 시간을 통해 목장 식구들은 주 안에서 한 몸이요 한 가족이라는 사실을 느끼고 깨닫기 시작했습니다. 그리고 마침내 목장이 주님이 원하시는 공동체의 모델이라는 사실을 알게 되었습니다. 목장에서 주님의 비전을 함께 나누고 공동체성을 가르치면서 목자가 목원들을 어떻게 돌보고 사랑해야 하는지를 보여주었습니다. 우리는 그렇게 영적인 가족이라는 공동체의 친밀감을 만들어 나갔습니다. 더불어 삶의 현장에서 그리스도인으로 살아가면서 부딪치는 문제들에 대해서도 허심탄회하게 나누고 함께 고민하며 기도했습니다. 그러자 목원들의 내적 상처가 치유될 뿐만 아니라 하나님의 뜻이 무엇인지도 분별하기 시작했습니다. 시간이 흐르면서 그들은 모두 성경이 말하는 건강한 교회의 모습을 이해하기 시작했고 자연스럽게 목자의 마음을 체득하게 되었습니다.

거의 1년 동안 성도가 마치 이들밖에 없는 것처럼 모든 목회의 에너지를 투자했습니다. 이러한 목사의 관심과 사랑으로 이들은 삶의 소명과 사역자로서의 영적 정체성을 깨닫고 목자로 헌신하게 되었습니다. 이때 처음으로 세워진 7명의 목자 중 두 명은 부부가 되어 선교사 비전을 갖고 현재 영국에서 박사 공부를 하고 있으며, 또 다른 두 명은 사모가 되었고, 다른 1명은 전도사로 섬기고 있습니다. 또 한 명은 우리 교회 사무부장으로, 나머지 한 명은 행정부장으로 섬기고 있습니다. 선택한 사람들을 목자로 훈련하는 가장 좋은 방법은 입으로 가르치는 것이 아니라 삶으로 가르치는 것입니다. 패튼 장군이 훌륭한 리더로 인정받는 이유는 전쟁의 선두에 서서 죽음을 두려워하지 않고 싸우는 모범을 보였기 때문입니다. 사람을 변화시키는 가장 효과적인 방법은 리더의 말이 아니라 삶입니다. 사람은 말로 변화되지 않습니다. 자신을 움직이려면 머리를 사용하고, 다른 사람을 움직이려면 가슴을 사용하라는 말이 있습니다. 리더가 인격, 가치관, 인생관, 사역 속에서 모범이 되어야만 성령님께서 그것을 사용하셔서 목자들을 변화시키십니다.

건강한 목장교회 파동 원리

선택된 7명의 청년 목자는 저에게서 보고 배운 대로 목장과 목원을 위해 목숨을 거는 삶을 살기 시작했습니다. 그로 인해 청년부는 놀라운 변화와 부흥을 경험했습니다. 뿐만 아니라 헌신된 청년 목자들의 열정은 집사님들에게도 큰 파장을 일으켰습니다. 이때부터 교회 양육 시스템을 통해 가능성 있는 장년 리더들을 선택하기 시작했습니다. 장년부에서 남자 한 그룹과 여자 한 그룹을 만들어 청년들에게 한 것처럼 삶을 나누며 교회 공동체에 대해 가르치기 시작했습니다. 그로부터 1년 뒤 이들을 목자로 세워 전 교회를 목장교회로 전환했습니다. 이후 꿈의 교회는 초기 목자들의 헌신을 통해 건강한 목장교회로 정착되어 갔습니다. 저는 다시 새로운 목자들을 세우고 그들에게 동일한 훈련을 시켰습니다. 이런 과정을 반복하면서 목자가 재생산되고, 목장이 재생산되어 교회의 영적 기초가 단단하게 세워지게 되었습니다. 19년이 지난 현재 공주를 비롯해 대전, 세종에서 세워진 목자들의 헌신으로 온 교회가 목장 교회로 운영되고 있습니다.

부드럽게 설득하고 강력하게 추진하라

목장교회로 전환하는 세 번째 단계는 부드럽게 설득하면서 과감하게 목장으로 전환하는 것입니다. 일단 목자가 준비되고 목장으로 전환해야 할 시점이 되면 목장교회로의 전환을 강력하게 추진해야 합니다. 이 단계는 모내기와 비슷합니다. 모내기는 여러 날 하는 것이 아니라 날을 잡아서 하루에 끝내야 합니다. 이처럼 목자가 준비되고 교회적인 공감대가 형성되었으면 신속히 목장교회로 전환해야 합니다. 물론 이보다 앞서 충분히 설득하고설교, 분명하게 가르치고양육, 보여주는모범 과정은 필수적인 전제 조건입니다. 사실 성도들은 변화되는 목자 후보들의 모습을 주시하면서 변화된 성도들로 인한 교회 내의 보이지 않는 영적 움직임과 열정적인 에너지를 느끼게 됩니다. 이렇게 분위기가 무르익었다고 판단되면 목사는 교회에 목장교회로의 전환을 전격적으로 선포해야 합니다. 물론 아직도 이러한 변화를 받아들일 준비가 되지 않은 성도들이 있을 것입니다. 목회자는 관망하며 망설이고 있는 이런 성도들을 부드럽게 설득해야 합니다. 제 경우에 교회의 이러한 변화에 동의하지 못하는 성도들에게 여러 기회를 통해 '구역'이 '목장'이라는 이름으로 명칭만 바뀌는 것이지 크게 달라지는 건 없을 것이라고 잘 설득했습니다. 민감해 보이는 문제일수록 아무 것도 아닌 것처럼 자연스럽게 다뤄야 합니다.

화이부동和而不同의 리더십으로 승부하라

구역을 목장으로 바꾸고, 목장교회로 본격적으로 전환하는 시기는 담임목사가 깊이 기도하면서 신중하게 결정해야 합니다. 자칫 교회가 분열되거나 힘들어질 수 있기 때문입니다. 그러나 담임목사는 '화합하되 뜻을 굽혀 부화뇌동하지 않는다'는 화이부동和而不同의 리더십으로 결단을 내려야 합니다. 사도 바울의 고백처럼 성경 안에서 사람을 기쁘게 하는 것보다 하나님을 기쁘게 하는 선택을 해야 합니다. 성도들은 분명한 비전과 목회철학을 가진 리더를 따라오게 되어 있기 때문입니다. 일단 목장교회로 전환하고 나서도 계속해서 목자들에게 목자가 어떤 사람인지, 목자가 왜 중요한지를 가르쳐야 합니다. 한 사람의 제대로 된 목자가 다른 목자들에게 선한 영향력을 끼치기 때문입니다. 또 이런 좋은 목장의 영향력은 다른 목장에게 전염됩니다. 목회는 인내의 싸움 같습니다. 건강한 교회가 되도록 끝까지 인내하며 섬기면 하나님은 심는 대로 거두게 하십니다.

No Pain, No gain

네 번째로 세운 목자들을 격려하고 계속해서 가르쳐야 합니다. 이것은 비료 주고 약을 뿌리며 관리하는 단계입니다. 목사는 목자들의 리더십을 개발하고 지치지 않도록 영성을 관리해야 합니다. 목자들이 사역을 잘 할 수 있도록 방법과 내용을 가르쳐야 합니다. 사실 사람을 세우는 목회가 힘들고 상처를 받기도 하지만 목사는 이런 목회의 과정을 즐길 줄 알아야 합니다. 목장은 서둘러 해치워야 할 사역이 아니라 치열한 삶과 목회의 과정이기 때문입니다. 어떤 사람은 제가 선대가 이루어 놓은 교회를 거저 가진 줄 압니다. 그러나 건강한 교회는 저절로 이루어지는 것이 아닙니다. 바른 목회를 위해 목숨을 걸고 건강한 교회를 위해 목숨을 걸어야 합니다. 바울처럼 주를 위해 미쳐야 합니다. 사람을 세우고 좋은 목자를 키우는 일에 모든 영적 에너지를 쏟아부어야 합니다. 그리고 목자들의 헌신으로 목장교회들이 세워지기 시작하면 목자들이 지치거나 포기하지 않도록 격려하고 방향을 제시해주고 가르쳐야 합니다. 건강한 교회는 목자들이 흘린 눈물만큼 부흥하기 때문입니다.

목자의 수준이 목장의 운명을 결정한다

목자 훈련에는 단지 삶을 나누는 과정만 있는 것이 아닙니다. 목자들의 지적 수준과 리더십 향상을 위해서 '목자 필독서'를 선정해 훈련시켜야 합니다. 매일 하나님과 교제하는 시간Relationship Time을 통하여 영성도 훈련시켜야 합니다. 이를 위해 저는 모든 목자가 큐티 월간지를 구독해 하나님과 매일 교제하는 시간을 갖도록 독려하고 있습니다. 이처럼 목자들이 성숙해지도록 쉬지 않고 훈련해야 합니다. 그래서 목장교회로 전환하고 3년이 되는 해부터 여름방학과 겨울방학을 이용해 7주 동안 목자대학을 개설하고 목자와 예비 목자들을 위한 훈련을 했습니다. 이후에는 매달 첫 주 목자대학을 통해 목자들이 더 성숙한 목자로 성장해 나갈 수 있도록 훈련했습니다. 뿐만 아니라 매달 한 번씩 '목자 성장 세미나'를 통하여 목자의 삶에 대한 실제적인 문제와 알아야 할 내용들을 가르치고 있습니다. 또한 청년 목자들은 한 달에 한 번씩, 장년 목자들은 1년에 두 번씩 '목자 비전 나이트'를 통해 목자의 삶을 사는 데 지치지 않도록 격려하고 있습니다. 이처럼 목자들이 지속적으로 헌신된 삶을 살 수 있도록 동기부여를 해야 합니다. 목장교회는 목자가 핵심이기 때문입니다.

다섯 번째로 목장을 분가하면서 새로운 목자들을 세워 나가야 합니다. 이것은 영적 추수기에 해야 할 일입니다. 목장이 부흥하면 열매가 맺어지는데 대부분의 열매는 새로운 가지에서 맺어지게 마련입니다. 오래된 목자가 열매를 맺는 것이 아니라, 열정 있는 새로운 목자가 열매를 맺는 것입니다. 그렇기 때문에 열정 있는 새로운 목자가 많은 열매를 맺도록 지원하고 격려하며 후원하는 것이 필요합니다. 물론 오래된 목자라고 해서 무시하거나 소외시키면 안 됩니다. 새로운 가지는 오래된 가지에 붙어 있기 때문입니다. 기존 목자들의 헌신 위에 새로운 목자들이 세워지고 분가하도록 해야 합니다. 새로운 목자가 기존 목자에게 도전이 되고, 기존 목자는 열정이 식지 않도록 계속 격려해야 합니다.

새로운 목자를 키우고 세우는 일을 게을리해서는 안 됩니다. 고여 있는 물은 썩습니다. 항상 역동적인 목장이 되도록 계속해서 도전해야 합니다. 목자는 많은 영적 훈련이나 신앙의 경륜으로 되는 것이 아닙니다. 영혼을 사랑하는 마음과 열정이 있어야 합니다. 또한 다른 사람을 지도할 만한 역량도 있어야 합니다. 목자 한 사람의 영향력에 따라 한 목장과 한 지역 영혼의 운명이 좌우되기 때문입니다. 목자는 담임목사를 대신하는 평신도 목회자입니다. 그러므로 헌신된 목자를 구별하여 세우는 일은 목장교회의 성공 여부를 가름하는 핵심 과제입니다. 목자가 건강하면 목장이 건강합니다. 또 목장이 건강하면 교회도 건강하게 되어 있습니다. 따라서 건강한 목장교회를 만들려면 탁월한 목자를 키우고, 세우고, 유지하는 일에 전심전력해야 합니다. 그럴 때 자연발생적으로 분가하는 목장을 만들 수 있습니다. 목장의 일차적인 열매는 목장 안에서 영적 공동체를 경험하는 것입니다. 그러나 목장의 이차적인 열매는 분가를 통해 양적으로 성장하고 부흥하는 것입니다. 이런 목장의 열매를 통해 교회가 부흥하는 것입니다.

목장 모임을 넘어 목장교회로

건강한 교회로 전환하는 여섯 번째 단계는 목장 모임을 넘어 목장교회로 성장시키는 것입니다. 목장이 교회에 정착되고 목장교회가 잘 굴러가면 목자는 매너리즘에 빠지게 됩니다. 그렇게 되면 목자는 초기의 헌신과 열정 대신 의무와 요령으로 목장을 이끌어 가게 됩니다. 또한 목장이 목자의 삶이 아니라 사역으로 느껴지게 됩니다. 그래서 목장이 계속해서 부흥하려면 식어진 목자들의 가슴에 불을 붙여야 합니다. 꿈의 교회는 목장으로 전환한 지 10년째 되는 해에 '목장 모임을 넘어 목장교회로'라는 도약을 선포하고, 목장에 대한 중요성을 다시 한 번 강조하였습니다. 목자가 평신도 목회자로서 자긍심을 갖고 섬길 수 있도록 영적인 도전을 준 것입니다. 그리고 '찾아와서 모이는 목장 대신 찾아가는 목장'이라는 비전을 제시했습니다. 목장이 그 자체로 하나의 교회임을 주지시키기 위해 교회에서 주일 예배를 드리지 않고, 각 목장별로 주일 예배를 드리기도 했습니다. 목장교회는 교회성장을 위한 하나의 프로그램이 아닙니다. 목장은 그대로 작은 교회입니다.

10장 THE CHURCH DREAMS AGAIN
건강한 목장교회로 전환하는 로드맵 3

좋은 목자가 건강한 교회를 만든다

80년대 초 프랑스 알핀 지방에서 1,050마리의 양이 낭떠러지에 떨어져 몰사한 일이 있었습니다. 양의 시력은 겨우 5~7미터를 보는 정도라고 합니다. 눈이 밝지 못하기 때문에 무조건 앞서가는 양을 쫓아가다가 몰사하고 말았습니다. 목자 없이 풀을 뜯다가 떼죽음을 당한 것입니다. 이처럼 건강한 목장교회로 부흥하기 위해 가장 중요한 것은 좋은 목자를 세우는 일입니다. 어떤 목자를 세우느냐에 따라 어떤 목장이 만들어지느냐가 결정됩니다. 그런데 좋은 목자를 만들어내는 데는 원리가 있습니다. 첫째, 목자를 중요한 사람으로 대하여 섬기는 것입니다. 누가복음 6장 13절에 보면 "밝으매 그 제자들을 부르사 그 중에서 열둘을 택하여 사도라 칭하셨으니."라는 말이 나옵니다. 예수님은 이렇게 선택한 리더들을 집중해서 훈련하셨습니다. 모든 사람이 목자가 될 수 있지만, 아무나 목자가 되는 것은 아닙니다. 중요한 사람을 중요하게 대하는 것이 예수님의 목회 방법이었습니다. 목사는 목장을 위해 목숨을 걸고 섬기는 목자들에게 집중해야 합니다. 세상은 다수의 무리에 의해 변화되는 것이 아니라 헌신된 소수에 의해 변화됩니다. 파레토 원리에 의하면 교회 안의 20%의 핵심 리더에게 집중하면 그들이 나머지 80%의 성도를 섬기게 되어 있습니다. 초대교회처럼 위대한 부흥을 꿈꾸며 열방에 하나님 나라를 확장하기 원한다면 중요한 사람을 택해서 중요하게 세워야 합니다. 그러나 여기에 머물러서는 안 됩니다. 주님은 소수의 사람을 위해서 이 땅에 오신 것이 아닙니다. 주님은 모든 사람을 위해서 오셨습니다.

두 번째 원리는 소외된 사람들을 소중히 여기는 것입니다. 누가복음 15장 4절에 보면, 잃어버린 한 마리 양을 소중하게 여기시는 주님의 성품을 발견할 수 있습니다. 목장으로 전환하고 얼마 되지 않은 때의 일입니다. 새로 세워진 목자들이 주목을 받으며 교회의 중심적인 역할을 감당하기 시작하자 오랫동안 구역장으로 섬겨오던 지도자들과 갈등이 생겼습니다. 그래서 저는 이들에게 목장 개념을 이해하지 못하는 사람들을 맡겨 기존의 구역예배 방식으로 예배를 드리고 모임을 이끌어 나가도록 했습니다. 교회가 목장 시스템으로 바뀌어도 소외되는 리더가 없게 만든 것입니다. 현재는 거의 모든 목장이 목장 시스템으로 운영되지만, 지금도 변화를 두려워하는 65세 이상의 성도들은 그들끼리 목장을 편성해 주어 모임을 갖도록 하고 있습니다. 지금까지 교회를 위해 수고한 분들을 인정하며 대접해 드려야 마땅합니다. 변화를 두려워하는 성도들이 변화에 적응할 수 있도록 설득하고 배려해야 합니다.

이처럼 목사는 중요한 리더에게 집중하되 잃어버린 양 한 마리를 소중히 여기는 그리스도의 마음을 품어야 합니다. 변화되고 성장하지 못하는 성도들을 안타까워하며 품어주어야 합니다. 변화의 과정에서 소외된 이들이 설 수 있는 자리도 마련해 주어야 합니다. 그들을 교회 부흥의 걸림돌로 여길 것이 아니라 그들 모두 교회를 위한 기도의 용사요 후원자가 되도록 세워주는 목회적인 배려가 있어야 합니다. 실제로 65세 이상 된 나이드신 권사님들을 중심으로 레위기도 정병단을 만들어 매 예배 전에 예배와 설교를 위해 기도해주셔서 얼마나 큰 힘이 되는지 모릅니다.

세 번째 원리는 과감하게 위임하고, 확실하게 후원하는 것입니다. 목자를 선택하고 훈련시켜 세우는 일은 목사에게 많은 인내를 요구합니다. 목장교회가 되기 위해서는 평신도 목회자인 목자에게 목사의 권한과 책임을 위임할 수 있어야 합니다. 아울러 목회자에게 돌아올 영광과 찬사도 포기할 수 있어야 합니다. 전통교회에서는 담임목사가 모든 것을 책임지고 이끌어 나가며, 대부분의 문제 역시 담임목사가 직접 해결합니다. 그러나 목장교회에서는 목사가 해야 할 많은 사역이 목자들을 통해 이루어집니다. 특별한 위기 상황을 제외하고 일반적인 심방, 상담, 돌봄 등 담임목사를 필요로 했던 많은 일이 목자의 영역으로 넘어가는 것입니다. 저는 목장 시스템으로 전환한 이듬해부터 담임목사가 하는 대심방을 중단하고 특별한 경우를 제외하고는 목원들을 돌보는 일은 목자가 감당한다고 선언했습니다. 부족한 부분이 보일지라도 목자들을 믿고 맡겨주었습니다. 그러자 목자들이 자신이 목회자인 것처럼 목원들을 섬기고 돌보기 시작했습니다. 물론 목회자의 심방을 요구하는 성도들을 위해서는 심방을 하고 있습니다.

목장교회로 전환하고 3년이 지나자 목장이 부흥되어 목자들을 섬기는 리더목자가 필요하게 되었습니다. 저는 리더목자들을 세우고 리더목자들이 자신의 지역에 속한 목장의 목원들을 돌보고 심방하며 그들의 필요를 적극적으로 채워주도록 했습니다. 더불어 목자들의 권위를 세워주어 목자들이 성도들로부터 존경을 받을 수 있도록 만들었습니다. 한편 저는 성도들의 형편을 살피기 위해 목장별로 돌아가면서 심방을 했습니다. 그 후 목장이 더 많아지자 목자들만 지역 목장별로 담임목사 목양실로 초청하여 심방했습니다. 이렇게 심방을 줄여나감으로써 담임목사의 돌봄 사역이 목자들에게 점진적으로 위임되도록 한 것입니다.

목사 리더십에서 목자 리더십으로

꿈의 교회에서 목자에게 사역을 위임했던 과정을 설명하면 다음과 같습니다. 첫째, 'I do You watch'의 과정입니다. '내가 사역할 테니 너는 지켜보라'는 것입니다. 헌신된 목자와 리더들은 예비 목자와 예비 리더들에게 사역하는 방법을 직접 삶과 사역을 통해 보여줍니다. 예비 리더들은 이를 보면서 따라하게 됩니다. 이것은 바울이 고린도전서 11장 1절에서 말한 "내가 그리스도를 본받는 자가 된 것 같이 너희는 나를 본받는 자가 되라."는 말씀을 기반으로 하고 있습니다. 둘째, 'I do You help'의 과정입니다. 이것은 '내가 사역할 때 너는 도우라'는 것입니다. 지켜보기만 하는 것이 아니라 목자와 리더가 하는 일을 도우면서 어떻게 사역해야 할지를 실제로 배우게 됩니다. 셋째, 'You do I help'의 과정입니다. 이것은 '네가 사역하고 나는 돕는다'는 것입니다. 리더가 뒤에서 돕고 후원하면서 예비 목자나 리더가 잘 세워지도록 멘토 역할을 하는 것입니다. 이 과정을 거치면서 예비 목자나 예비 리더는 미숙한 부분이 보완되어, 홀로 설 수 있는 능력을 갖추게 됩니다. 넷째, 'You do I watch'의 과정입니다. 이것은 '네가 하고 나는 너를 지켜보며 후원한다'는 것입니다. 이 단계에서는 예비 목자나 예비 리더에게 모든 권한과 책임을 완전히 위임합니다. 이런 일련의 과정을 통해 헌신된 목자와 리더가 재생산되면 팀 사역이 가능해지고 교회는 건강한 성장을 계속할 수 있게 됩니다.

목장교회의 정체성

교회마다 하나님이 주신 독특한 비전과 사명이 있는 것처럼 목장교회는 저마다의 특징이 있습니다. 다양한 사람이 모였기 때문입니다. 그러나 목장교회는 다양성도 있지만 공통적인 특징도 있습니다. 우리 교회에서 강조하는 목장교회의 특징은 다음의 네 가지로 요약됩니다. 첫째, 목장교회는 구원받은 성도들로 이루어진 영적 가족 공동체입니다. 즉 목장교회는 영적 가족이라는 전제에서 시작되어야 합니다. 둘째, 목장교회는 하나님의 자녀로서의 축복을 경험하는 사랑의 공동체입니다. 모든 성도는 공동체의 사랑 안에서 하나님 자녀로서의 축복을 경험할 수 있어야 합니다. 셋째, 목장교회는 하나님의 사역자로서의 특권을 누리며 교회를 섬기는 공동체입니다. 모든 목원은 목장교회를 섬기는 사역자가 되어야 합니다. 하나님 나라에 실업자는 없습니다. 넷째, 목장교회는 세상 속에서 복음의 영향력을 끼치는 증거 공동체입니다. 목장교회의 최종 목표는 살리고, 고치고, 키우고, 세워서 성도를 직장과 삶의 현장 속 선교지로 보내는 것입니다. 예루살렘 교회 성도들처럼 성도들끼리만 사랑을 나누며 모여 있는 공동체로 끝나는 것이 아니라, 안디옥 교회처럼 땅끝까지 하나님 나라를 증거하고 확장해야 합니다.

목장교회의 형태 - 열린 목장

목장교회는 크게 두 가지 형태로 열린Open 목장교회와 닫힌Closed 목장교회가 있습니다. 먼저 열린Open 목장교회는 목자를 중심으로 편성되어 언제든지 새로운 목원이 들어올 수 있기 때문에 열린 목장교회라고 부릅니다. 열린 목장교회의 편성은 몇 가지 유형이 있습니다. 첫째, 신앙의 성숙도를 중심으로 목장교회를 편성하는 것이 가장 일반적입니다. 신앙의 성숙도를 중심으로 목장을 편성하면 신앙이 성장하는 데 서로 큰 도움이 됩니다. 이렇게 목장교회를 편성하는 원리를 십자가 모양에 빗대어 설명할 수 있습니다. 즉 십자가 맨 위에 해당하는 성도는 목자를 도와 섬길 정도로 성숙한 부목자를 의미합니다. 십자가 양옆에 해당하는 성도는 목장에 열심히 참석하는 목원을 의미합니다. 목자를 포함해 목장에 열심히 참석하는 성도가 최소한 네 명은 되어야 목장이 원활하게 운영됩니다. 마지막으로 십자가 맨 아래에 위치한 성도는 참석을 권유해야 나오는 연약한 성도를 의미합니다. 이 사람은 목자의 적극적인 관심이 필요한 목원입니다. 이 기준에 따라 목자가 감당할 수 있는 수준에서 목원을 배정합니다.

둘째, 연령을 기준으로 목장교회를 편성합니다. 꿈의 교회는 가능한 한 연령을 고려하여 목장을 구성합니다. 우리 교회에는 70대가 모이는 은혜 목장이 있습니다. 은혜 목장의 목자는 차량 운행과 심방 등 노인들을 잘 섬길 수 있어야 하는데, 우리 교회는 은혜 목장을 사명으로 여기는 장로님이 목자로 섬기고 있습니다. 이 밖에도 60세 이상의 여성으로만 편성된 목장도 있고, 청년들로 구성된 청년 목장과 중·고등학생들로 이루어진 스쿨 목장도 있습니다. 물론 필요한 경우 세대를 관통하여 아우르는 목장을 편성하기도 합니다.

셋째, 성별을 기준으로 목장교회를 편성합니다. 우리 교회에서는 특별한 경우를 제외하고는 같은 성별끼리 목장을 구성합니다. 최영기 목사님이 시무하는 미국 휴스톤서울교회는 부부를 한 목장에 편성합니다. 미국은 부부 중심의 생활 문화가 있기 때문입니다. 그러나 한국은 상황이 좀 다릅니다. 부부가 함께 모이면 속 깊은 이야기를 나눌 수 없습니다. 부부가 함께 모인 자리에서 아내가 속 깊은 이야기를 나누면 남편이 자존심이 상해 참석하지 않는 경우가 있습니다. 그래서 삶을 깊이 나누기 위해서는 성별에 따라 목장교회를 편성해야 한다는 것이 제 생각입니다. 물론 필요에 따라 일시적으로 부부 목장을 만들기도 합니다. 예를 들면 아내 목장이 남편들을 초청해서 함께 모이는 것입니다.

넷째, 관심 영역을 중심으로 목장교회를 편성합니다. 또는 동일 직종이나 유사 직종끼리 목장교회를 편성합니다. 그래야 공유할 수 있는 관심 영역으로 인해 목장교회의 교제와 나눔이 활발해지기 때문입니다. 예를 들어, 건축 설계사를 비롯해 건축 분야에 종사하는 분들을 모아서 한 목장을 편성하는 식입니다. 우리 교회가 리모델링을 할 때 이 목장이 일을 전적으로 담당하기도 했습니다. 그러나 관심 영역을 중심으로 한 목장은 2년 이상 묶어 놓으면 안 됩니다. 때로는 이해관계가 얽혀 어려움이 생기기 때문입니다. 그 어떤 목장이든 3-4년 이상 지속되면 고인물이 됩니다. 목장은 분가를 거듭해야 건강을 유지할 수 있습니다.

목장교회의 형태 – 닫힌 목장

또 다른 형태로 닫힌Closed 목장교회가 있습니다. 닫힌 목장교회의 의미는 더 이상 목원이 추가될 수 없다는 뜻입니다. 즉 닫힌 목장교회는 목자들이 목원이 된 목장을 의미합니다. 목자들도 영성 관리가 필요합니다. 목자들도 삶을 나누거나 영적인 에너지를 공급받을 공동체가 있어야 합니다. 목자 목장교회는 열린 목장교회를 섬기는 목자들로 구성되며, 이들을 담당하는 한 사람의 리더 목자가 있습니다. 닫힌 목장교회에서는 깊은 사랑의 교제와 돌봄이 이루어집니다. 목장 교재에 대한 진지한 토의와 적용 나눔도 이루어집니다. 뿐만 아니라 교회의 비전과 사역에 대한 이해와 실천도 나누어집니다. 리더 목자들을 통해 목자들은 더 좋은 목자로 훈련되어지며 교회를 위한 일꾼으로 준비됩니다.

닫힌 목장교회의 또 다른 유형은 리더 목자 목장교회입니다. 이 목장은 목자 목장교회를 섬기는 리더 목자들로 구성되며 목자는 담임목사입니다. 이들은 교회의 최고 리더들로 이들에 의해 교회의 목자들이 길러지며 교회의 비전이 전 목장들로 전달됩니다. 리더 목장교회는 담임목사의 사역 지침에 따라 목장 교재를 연구하고, 목사의 설교가 성도들에게 잘 적용될 수 있도록 먼저 삶에 적용합니다. 담임목사는 매주 리더 목장교회에서 교회의 비전과 사역 방향을 나누고 동기부여를 합니다. 리더 목장교회에서는 계속해서 목자들의 리더십을 개발할 방법을 모색하면서 전 교회와 목장교회를 위한 중보기도를 합니다. 따라서 교회의 모든 상황이 리더 목장교회에서 솔직히 나누어져야 합니다.

11장 THE CHURCH DREAMS AGAIN
건강한 목장교회로 부흥하는 매뉴얼 1

건강한 교회의 영적 자존심, 목자

얼마 전 한 목사님이 저에게 꿈의 교회의 목자 세우는 방법에 대해 물어봤습니다. 목장의 성공은 어떤 목자를 세우느냐에 달렸습니다. 먼저 '목자란 누구인가?'를 제대로 정의하는 것이 중요합니다. 그래야 어떤 사람을 세우고 어떻게 훈련할지를 결정할 수 있기 때문입니다. 우리 교회에서 정의하는 목자는 다음과 같은 사람입니다. 첫째, 목자는 목원이 교회 공동체의 한 지체가 되어 하나님의 자녀로서의 축복을 누리도록 돌보는 영적 아비입니다. 둘째, 목자는 목원이 양육과 훈련을 통해 계속 성장하도록 돕는 영적 촉진자입니다. 셋째, 목자는 목원이 자신의 은사와 교회의 필요에 따라 섬기는 사역자가 되도록 이끌어주는 영적 코치입니다. 넷째, 목자는 목원이 세상에 영향력을 끼치는 사역자로서 축복된 삶을 살아가도록 사랑과 선행을 격려하는 영적 리더입니다. 다섯째, 목자는 목원이 바른 영성을 유지할 수 있도록 돌보고 섬기는 평신도 목회자입니다. 우리 교회 목자 사명서는 이렇습니다. "우리는 하나님께 부름 받은 거룩한 목자로서, 목원들을 하나님 자녀와 사역자답게 살도록 돌보고 구비시키며, 목장 분목을 통해 하나님 나라를 확장하는 사명을 다한다."

누구나 목자가 될 수 있지만 아무나 될 수는 없다.

목자는 사람을 세우는 리더입니다. 그러므로 사람을 세우는 리더가 될 만한 사람을 선발하는 것이 중요합니다. 목자로 세우는 데는 객관적인 기준이 필요합니다. 꿈의 교회의 경우 목자는 교회가 정한 양육과 훈련을 모두 이수해야 합니다. 보통 '새로운 삶, 예수님짜리, 믿음의 삶, 변화의 삶, 하나님을 경험하는 삶, 성경개론, 섬김의 삶, 상담과 실재, 목자의 삶'까지 9과목을 수료해야 합니다. 7주 과정인 '새로운 삶'을 빼면 각 과정은 한 학기 단위로 진행되기 때문에 1년에 두 학기씩 쉬지 않고 하면 4년이 걸립니다. 즉 새신자가 목자가 되기까지는 최소 4년 이상이 걸린다는 말입니다. 간혹 다른 교회에서 헌신하던 사람이 새로 왔을 경우는 2년 동안 4과정 이상을 수료한 사람 중에서 역량이 있는 사람을 목자로 세우기도 합니다.

그러나 이런 객관적인 기준을 통과한다고 해서 모두 목자로 세우는 것은 아닙니다. 목자 후보는 담당 목자가 리더 목자에게 추천합니다. 그러면 교회는 목자로 추천된 사람의 헌금생활부터 부목자들을 훈련하는 멘토대학 참석률까지 확인합니다. 그런 후 그 후보가 목자로서의 리더십과 영성이 있는지를 리더 목자 모임에서 평가합니다. 모든 의견을 종합해 담임목사가 최종적으로 확정하게 됩니다. 목자로 선발되면 '목자 비전 나이트'에서 서약식과 더불어 임명식을 합니다. 목자로 선발된 사람은 모든 목자 앞에서 서약한 후 목자로 임명됩니다. 그러면 담임목사는 목자 후드를 걸어주고, 목자를 배출한 목자와 리더 목자가 선물과 꽃다발을 준비해 줍니다. 목자가 되는 것이 얼마나 영광스럽고 감격스러운 일인지를 경험하게 하는 것입니다. 좋은 목자는 돈으로도 살 수 없는 하나님 나라의 귀한 리더입니다. 목자로 임명될 때 하는 서약서 내용은 아래와 같습니다.

꿈의 교회 목자 서약서

나는 거룩한 꿈의 교회 공동체를 세우는 하나님의 목자로 부르심을 받아 다음과 같이 신실하게 섬길 것을 하나님과 여러 목자들 앞에서 약속합니다.

1. 나는 한 영혼을 소중히 여기는 예수님의 마음으로, 맡겨진 목원들을 잘 돌보고 섬겨서 목원들이 하나님 자녀의 축복을 누릴 수 있도록 만들겠습니다.
2. 나는 목원들을 위해 한 주에 두 번 이상 기도할 것이며, 목원들이 모든 예배에 참석하고 양육훈련을 받아 하나님의 사역자로 성장할 수 있도록 힘쓰겠습니다.
3. 나는 평신도 목회자라는 거룩한 사명감을 갖고, 작은 교회인 목장이 부흥하여 분목 할 수 있도록 최선을 다해 섬기겠습니다.
4. 나는 주일 예배는 물론 모든 공적 예배와 세미나, 그리고 각종 행사에 성실하게 참여하여 목원들에게 신앙생활의 모범이 되겠습니다.
5. 나는 매일 하나님과 교제하는 시간을 가질 것이며, 목자로서의 영성과 열정을 유지하기 위해 필요한 자기 개발에 계속 힘쓰겠습니다.
6. 나는 목자의 삶을 잘 감당하기 위해, 하나님이 나에게 주신 모든 자원을 아끼지 않고 사용하는 청지기적인 삶을 살겠습니다.

7. 나는 꿈의 교회 리더답게 생각하고 행동할 것이며, 교회와 세상 속에서 덕을 세우며 거룩한 영향력을 끼치는 삶을 살도록 노력하겠습니다.

위의 사항에 동의하며 최선을 다해 준수하겠습니다.

좋은 목자는 돈으로 살 수 없다

목자는 계속해서 양육을 받아야 합니다. 목자가 성장해야 목원도 성장하기 때문입니다. 이를 위해 목자 필독서21권를 읽게 하고, 매월 첫 주 목자대학을 열어 목자로서 필요한 사역 훈련을 시켰습니다. 그러나 요즘은 필요할 때마다 모아서 목자 훈련을 시키고 있습니다. 목자들의 실제적인 사역을 돕기 위해 목자로 섬기는 데 필요한 지침을 담은 '목장 길라잡이'라는 책을 만들었고, '목자의 삶'이라는 양육 과정을 만들어 홈페이지에 올리고 목자들이 수강하게 했습니다. 이 밖에도 목자들이 탁월한 목자로 계속해서 성장하도록 여러 방법으로 돕고 있습니다. 목자들의 열정과 감성이 메마르지 않도록 일 년에 두 번씩 '목자 비전 나이트'를 열어 격려하고 일 년에 한 번씩 다른 목장을 탐방하여 자신의 부족한 점을 보완하도록 하고 있습니다. 또한 매주 리더 목자들을 통해 목자들의 영성 훈련을 하고 있습니다.

목자 사역 매뉴얼

꿈의 교회에서 강조하는 목자의 자세는 첫째, 소명의식입니다. 목자는 목장을 위해 존재하는 것입니다. 둘째, 성공의식입니다. 목자는 목장의 부흥을 위해 다양한 섬김의 방법을 사용해서 이끌어 가야 합니다. 셋째, 섬김의식입니다. 목자는 목장을 위해 어떠한 대가 지불도 두려워하지 말아야 합니다. 넷째, 동역의식입니다. 목자는 목장을 위해 다른 목자와 멋진 팀이 되어야 합니다. 다섯째, 축복의식입니다. 목자는 목장을 통해 잊지 못할 축복된 경험을 하게 될 것입니다.

꿈의 교회 목자 사역 지침

첫째, 목자는 겸손히 섬기는 사람입니다. 목자는 항상 친절해야 하며 모든 일에 솔선수범하며 언행일치의 삶을 살아야 합니다. 둘째, 목자는 간절히 기도하는 사람입니다. 목원은 목자의 영성을 뛰어넘을 수 없기 때문입니다. 셋째, 목자는 담대히 전도하는 사람입니다. 목자는 영혼을 사랑하여 전도에 앞장서는 증인으로 살아야 합니다. 우리 교회는 복음증거를 위해 '브릿지 전도법'을 목자들에게 훈련시킵니다. 넷째, 목자는 앞장서서 헌신하는 사람입니다. 맡은 자에게 구할 것은 충성입니다. 목자는 긍정적인 생각을 가지고 최선을 다해 섬겨야 합니다. 다섯째, 목자는 철저히 순종하는 사람입니다. 목자는 교회의 영적 질서를 따르며 다른 성도를 존중하는 삶을 살아야 합니다. 또한 목자로서의 영적 품위와 권위를 가져야 합니다. 이를 위해 교회는 목자를 세워주고 인정하는 분위기를 만들어 줍니다. 여섯째, 목자는 확실히 사랑하는 사람입니다. 목자에게 요구되는 성품은 배려와 격려와 공감과 이해입니다. 목자는 가르치는 사람이 아니라 삶으로 보여주는 사람이기에 질책하고 혼내기보다 품어주고 사랑하는 사람이 되어야 합니다. 일곱째, 목자는 부지런히 배우는 사람이 되어야 합니다. 성장하지 않는 목자는 좋은 목자가 아닙니다. 그러므로 좋은 목자가 되기 위해 스스로 적절한 휴식과 자기개발을 위한 시간을 가져야 합니다. 사실 그동안 우리 교회는 계속되는 부흥으로 목자들이 쉴 수가 없었습니다. 그러다보니 지치고 힘들어하는 목자들이 생겼습니다. 그래서 저는 지쳐있는 목자들을 위해 쉬고 싶은 목자들로 구성된 사역 목장을 만들어 깊이 있는 나눔을 가지며 재충전을 할 수 있도록 했습니다.

> **꿈의 교회 목자의 열 가지 사역 원리**
> 첫째, 좋은 목자로 세워질 자신의 모습을 떠올리며 비전 중심의 삶을 살아가라.
> 둘째, 실행 목록을 작성하라. 큰 도약은 작은 단계들을 밟아 이루어진다.
> 셋째, 열정에 열정을 더하라. 비전을 이룰 때까지 지치지 않는 열정으로 나아가라.
> 넷째, 목장에 대한 목자의 스트레스를 긍정적으로 이용하라.
> 다섯째, 거룩한 용기를 가져라. 용기는 두려움이 없는 것이 아니라 두려움을 극복하는 것이다. 어떤 상황도 믿음으로 이겨낼 수 있는 목자가 되라.
> 여섯째, 자신의 분야에서 전문가가 되라. 특히 사역에 프로가 되라.
> 일곱째, 인생의 지침을 확고히 세우라.
> 여덟째, 씨 뿌리는 과정을 즐겨라. 심는 대로 거둔다.
> 아홉째, 내면의 소리에 귀를 기울여라. 내가 누구인지 결정하는 것은 바로 나다.
> 열째, 성공 이후의 성공이 더 중요하다. 모든 영광을 하나님께 돌리라.

목장은 방법이 아니라 본질이다

교회를 성장시키기 위한 방편으로 시작된 목장(셀) 교회는 반드시 실패하게 되어 있습니다. 어떤 목사님은 교회성장을 위한 프로그램으로 목장이나 셀을 시작합니다. 그러나 교회성장 자체는 목표가 될 수 없습니다. 그것은 올바른 목회의 자연적인 부산물일 뿐입니다. 좋은 나무가 되면 당연히 좋은 열매를 맺는 것입니다. 이렇듯 무엇을 하든 본질과 원리에서 벗어나면 안 됩니다. 목장교회는 단기적인 목회가 아닙니다. 자신의 전 생애를 걸고 이루어가는 장기적인 목회입니다. 목장교회는 하나님이 원하시는 목회의 본질로서 접근해야 합니다. 더불어 실제로 목장교회가 건강하게 실현될 수 있도록 적절한 전략을 세워야 합니다.

건강한 목장교회 운영 매뉴얼

꿈의 교회 목장 운영은 다음과 같이 진행됩니다. 목장이 새롭게 편성된 1/4분기에는 목원들이 공동체에 정착하여 친밀한 교제를 나누도록 인도합니다. 새로운 목자를 만난 목원들이 인간적, 영적 친밀감을 느끼도록 교제에 주력하는 것입니다. 함께 식사하고, 운동하고, 놀러 다닙니다. 모임 장소 역시 집이나 교회로 한정하지 않습니다. 필요하면 카페에서도 만날 수 있습니다. 2/4분기는 하나님의 자녀답게 성장하도록 가르치는 기간입니다. 친교 중심의 목장을 넘어 말씀을 나누고 인생의 목표를 나누며 서로가 말씀 위에 든든히 서도록 격려하는 기간입니다. 3/4분기는 사역자로 섬기면서 복음을 증거하도록 도전하는 기간입니다. 4/4분기는 영적 열매를 맺으며 재생산하도록 가르치는 기간입니다. 한 영혼을 품고 기도하면서 단 한 사람에게라도 복음을 증거하도록 도전하는 시기인 것입니다. 그러나 목장은 살아있는 공동체이므로 매뉴얼대로만 운영되지는 않습니다.

목장 운영의 5W

꿈의 교회 목장 운영 내용과 방법은 다음과 같습니다. 기본적으로 모든 목장은 5W에 의해 운영됩니다. 5W란 환영Welcome, 예배Worship, 말씀Word, 사역Works, 전도Win 등 교회의 5가지 사명을 의미합니다. 첫 번째로 환영Welcome 교제은 서로를 깊이 알아가는 시간입니다. 이 기간에 목원들과 함께 식사를 하거나 운동을 할 수도 있습니다. 긴장을 풀고 자연스럽게 교제함으로써 서로에 대해 마음을 열고 친밀함을 느끼도록 만드는 것입니다. 두 번째는 예배Worship입니다. 이것은 하나님께 나아가는 시간입니다. 함께 찬양하고 개인적으로 묵상한 말씀을 나누는 것입니다. 세 번째로 말씀Word입니다. 이것은 하나님께서 우리에게 하시는 말씀을 듣는 시간입니다. 교재로 공부하면서 우리를 향한 하나님의 뜻과 목적을 알아가는 것입니다. 목장 모임을 위한 교재는 매주 주보와 함께 배부됩니다. 네 번째로 사역Works입니다. 이것은 교회로 들어가는 시간입니다. 서로 나눈 하나님의 말씀을 어떻게 삶에 적용하고, 교회 공동체를 섬길 것인지를 나누는 것입니다. 또한 한 주간 동안 하나님께서 어떻게 자신의 기도에 응답하셨는지를 나누는 시간입니다. 이 시간에 목자는 목원들이 자기 자신을 사역자로 바라보도록 인도합니다. 더불어 교재의 영적 교훈을 삶에서 어떻게 구체적으로 실천할 것인지도 나눕니다. 다섯 번째로 증거Win입니다. 이것은 세상으로 나아가는 시간입니다. 모든 목장 모임의 결론은 하나님 나라의 확장과 한 영혼에 대한 열정으로 끝을 맺어야 합니다. 그러나 목장 모임의 시간은 목자가 각 목장의 상황과 특성에 맞춰 자유롭게 조절할 수 있습니다.

12장 THE CHURCH DREAMS AGAIN
건강한 목장교회로 부흥하는 매뉴얼 2

건강한 목장교회를 유지하기 위한 진단 매뉴얼

사실 목자들은 목장을 인도하고 목자 훈련에 참석하며, 목장을 번식시키는 것이 자신이 맡은 사역의 전부라고 생각하기 쉽습니다. 그러나 목자는 사역의 목표와 지경에 대한 분명한 그림이 있어야 합니다. 이를 위해 교회는 필요할 때마다 목자들이 자신의 목장을 스스로 점검하고 진단하여 대안을 마련할 수 있도록 합니다.

목장을 진단하는 질문은 다음과 같습니다.

1) 우리 목장의 특징은 무엇인가?
2) 목원 상호 간에 관계성은 어떠한가?
3) 목자와 부목자의 역할 분담은 적절한가?
4) 현재 목장의 영적 수준과 헌신도는 어떠한가?

5) 현재 목장의 문제는 무엇인가?

이런 질문을 통해 목장을 진단하고 개선을 위한 대안을 마련해야 합니다. 대안 마련을 위한 질문은 다음과 같습니다.

1) 목장이 갖고 있는 문제를 품고 갈 것인가? 단호하게 해결할 것인가?
2) 건강한 목장교회로 성장하기 위해 반드시 변화되어야 할 것은 무엇인가?
3) 우리 목장을 언제 개척 또는 분가할 것인가?
4) 목자가 목장을 새로 개척할 것인가? 부목자가 개척할 것인가?
5) 어떤 목원을, 어떤 기준으로 선택해 분가시킬 것인가?

뿐만 아니라 목장의 궁극적인 목표와 교회의 부흥을 위해 다음과 같은 전략적인 질문들로 목장의 사역을 점검하도록 합니다.

1) 어떻게 목원들이 목장교회의 비전을 자기 사명으로 받아들이게 할 것인가?
2) 어떻게 목자나 부목자가 지치지 않고 열정적으로 섬기도록 도울 수 있는가?
3) 어떻게 목자와 부목자가 계속해서 영적으로 성장하도록 할 수 있는가?
4) 어떻게 목장교회를 개척하거나 분가시킬 수 있는가?
5) 어떻게 목장교회의 5W가 잘 실행되도록 할 수 있는가?
6) 어떻게 목원들이 단계적으로 양육과 훈련을 받도록 동기부여 할 수 있는가?
7) 어떻게 목원들이 목장교회를 위해 헌신하게 할 수 있는가?
8) 어떻게 목원들이 한 가족으로서 친밀한 교제를 나누게 할 수 있는가?

9) 어떻게 목원들이 교회 공동체를 섬기는 사역자의 삶을 살게 할 수 있는가?
10) 어떻게 목원들이 하나님을 감동시키는 예배자로 살게 할 수 있는가?
11) 어떻게 목원들이 세상을 향해 나아가는 증거자의 삶을 살게 할 수 있는가?

건강한 목자의 믿음

사실 평신도 사역자가 사명을 가지고 목장을 섬긴다는 것은 쉽지 않은 일입니다. 그래서 목회자는 이들이 사명을 잘 감당할 수 있도록 돕는 역할을 해야 합니다. 목자들이 필요로 하는 사항을 잘 파악하여 지원해야 합니다. 반면 목자에게 요구되는 믿음은 다음과 같습니다.

1) 시간이 오래 걸려도 하나님께서 계획하신 일은 가장 적절한 때에 이루어진다.
2) 도저히 믿을 수 없는 일일지라도 하나님께서 시작하신 일은 이루어진다.
3) 의문이 들지라도 하나님께서 하시는 일은 언제나 옳다.

목자는 하나님께서 자신을 평신도 목회자이자 목원들을 책임질 목자로 부르셨다는 사명감을 분명하게 가져야 합니다. 목원의 믿음은 목자의 믿음 이상으로 자랄 수 없습니다. 그렇기 때문에 목사의 가장 큰 역할은 목자들의 믿음이 흔들리지 않고, 지치지 않고 섬길 수 있도록 돕는 것입니다.

건강한 목자의 갈등 해결

목자가 목장을 이끌어 가다보면 여러 가지 문제를 만날 수 있습니다. 목장에서 발생하는 문제와 그에 대한 대응 방안은 다음과 같습니다.

1) 미숙한 목자가 섬기는 목장에서는 교리적인 문제가 발생할 수 있습니다.

이때 담임목사의 강력한 지도력과 교회 차원의 신속한 대처가 필요합니다. 교리적인 문제는 종기 같아서 그냥 내버려두면 걷잡을 수 없게 됩니다. 그러므로 가능한 한 빨리 교회의 정확한 입장을 전달하여 해결해야 합니다.

2) 관계성에 기초한 목장교회는 서로의 삶을 나누는 시간이 많기 때문에 감정주의에 빠질 수 있습니다.

목장교회는 삶의 실질적 문제들을 나누는 비형식적인 분위기의 모임이기 때문에 목원들이 솔직하게 자신의 감정을 나누게 됩니다. 이는 자연스러운 현상이지만 균형과 질서는 반드시 유지해야 합니다. 극단주의로 나아가지 않도록 질서를 위한 합리적인 통제가 있어야 합니다. 자유함 속에서도 질서는 존중되어야 합니다.

3) 말씀의 권위보다 개인의 경험에 의존하기 쉽습니다.

기존 교회의 경우 듣고 이해하는 인지중심의 교육으로 인해 듣기만 하고 행하지 않는 성도를 만들어내는 경향이 있었습니다. 반면 목장교회는 말씀보다 특정한 개인의 경험에 초점을 맞추기 쉽습니다. 따라서 목장 교재를 통해 말씀 중심의 나눔이 되도록 해야 합니다. 이를 위해 우리 교회는 주일 설교를 목장 교재로 만들어 전 교인이 반복해서 설교를 묵상하고 적용하도록 하고 있습니다. '묵상'이란 단어 '하가'hagah는 명상을 뛰어넘어 반복되는 적용을 의미합니다. 즉 하나님의 말씀을 듣거나 읽고 이해하는 데 그치는 것이 아니라, 그 말씀을 삶 속에서 반복적으로 적용하는 것입니다. 목장 모임을 통해 말씀이 앎이 아니라 삶이 되게 해야 합니다.

    4) 목장교회는 평신도 목회자인 목자에게 전적으로 위임되기에 교회의 통제로부터 벗어난 독불장군식의 목자가 있을 수 있습니다.

그러므로 목자는 순종을 통해 목자의 위치로 자신을 내려놓아야 합니다. 왜냐하면 교회는 비전과 사명을 중심으로 정렬될 때 한 몸 된 공동체를 이룰 수 있기 때문입니다. 사역보다 관계가 우선이지만 관계보다 교회 공동체의 유익이 더 중요하다는 원칙 안에서 모든 것이 처리되어야 합니다.

    5) 성장하지 않고 침체되는 목장이 있을 수 있습니다.

자기중심에서 타인중심으로 변화되지 않거나 혹은 비전과 열정을 잃어버리고 계속해서 침체되는 목장교회는 건강하고 역동적인 목장교회로 분산되어야 합니다. 이를 위해 정체되는 목장은 2년에 한 번씩 완전히 해체하여 새로운 목장으로 편성하고 있습니다.

건강한 목자로 살아가기

목사로 살아가는 것도 힘들지만 목자로 살아가는 것은 더 힘든 일입니다.

목자에게도 가정생활과 사회생활이 있는데 교회에서도 목자로 섬긴다는 것은 보통 믿음 갖고는 어려운 일입니다. 따라서 목자에게 목자의 고난과 영광에 대해 계속해서 알려주고 격려해 주어야 합니다. 베드로전서 2장 20-21절에 보면 이런 말씀이 있습니다. "죄가 있어 매를 맞고 참으면 무슨 칭찬이 있으리요 그러나 선을 행함으로 고난을 받고 참으면 이는 하나님 앞에 아름다우니라 이를 위하여 너희가 부르심을 받았으니 그리스도도 너희를 위하여 고난을 받으사 너희에게 본을 끼쳐 그 자취를 따라 오게 하려 하셨느니라."

목자들이 섬기면서 지치거나 갈등하는 이유는 다음과 같습니다. 첫째, 목원을 돌보는 데 많은 힘이 들기 때문입니다. 그러나 하나님을 섬기는 데 쓴 힘은 소모되는 힘이 아니라 영적 투자라는 것을 알아야 합니다요일 2:16-17. 둘째, 자신의 역할이나 책임에 관한 갈등이 있을 수 있습니다. 따라서 목자에게 우선순위를 잘 가르쳐 지혜롭게 책임을 감당하도록 도와주어야 합니다엡 5:15-16. 셋째, 미성숙한 목원으로부터 듣는 잘못된 언행으로 인한 상처와 분노가 있을 수 있습니다. 목자는 이런 경우 가장 큰 상처를 받습니다. 이때 목사는 목자 편이 되어 목자를 위로할 뿐만 아니라 주님으로부터 치유하심을 받도록 격려해야 합니다시 23:4-5. 뿐만 아니라 목사는 목자가 이런 기회를 통해 육적 자존심을 죽이고 영적 자존심을 높이는 기회로 삼도록 권면해야 합니다약 4:10. 넷째, 목원의 실패에 대한 영적 책임감과 목자의 능력 부족에서 오는 낮은 자존감이 있습니다. 그러나 사역에 실수는 있어도 실패는 없다는 것을 알려줘야 합니다. 하나님의 때가 되면 반드시 거두게 된다는 진리로 격려해야 합니다갈 6:9. 오히려 목자가 약한 자를 들어 쓰시는 하나님을 의지하는 기회로 삼도록 만들어줘야 합니다고전 2:1-5. 다섯째, 목자의 삶에 대한 열정의 상실과 탈진이 있습니다. 이때는 적당한 쉼을 갖고 주님과 더 친밀한 영적 관계를 회복하도록 배려해야 합니다. 우리 교회는 목자들의 재충전을 위해 '사역목자'라는 이름의 목장을 만들어 휴식 기간을 갖는 목자들끼리 깊이 있는 삶을 나누며 재충전할 수 있도록 배려합니다막 6:30-31, 요 15:5. 헨리 워드 비치는 이렇게 말했습니다. "이 세상에서 우리를 부유하게 해주는 것은 우리가 얻은 것이 아니라 우리가 포기한 것이다." 고린도후서 1장 5절의 말씀처럼 그리스도의 고난이 우리에게 넘친 것 같이 우리가 받는 위로도 그리스도로 말미암아 넘치게 되어 있습니다.

목자의 영광

그러나 목자에게 고난만 있는 것이 아닙니다. 영광도 있습니다. 목자가 맛볼 수 있는 영광은 다음과 같습니다. 첫째, 목원의 영적 성장과 성숙을 지켜보는 보람이 있습니다요삼 1:4. 둘째, 목원이 하나님의 축복과 특권을 누리는 것을 바라보는 기쁨이 있습니다딤후 2:2. 셋째, 하나님이 최고로 기뻐하시는 일에 동참하는 즐거움을 경험하게 됩니다마 28:20. 넷째, 자신이 영적, 인격적으로 성장, 성숙하는 축복을 누립니다딤전 4:12-13. 다섯째, 영광스런 하늘나라 상급을 쌓는 특권을 누립니다벧전 5:4. 제1차 세계대전 당시 영국 병사 한 명이 전쟁터에서 다리를 잃고 고국으로 후송되어 왔습니다. 안타까운 마음으로 문병을 온 친구가 혀를 차며 물었습니다. "어쩌다가 다리를 잃게 되었나?" 그런데 그는 이런 감동적인 대답을 하였습니다. "나는 다리를 잃은 것이 아니라, 나라를 위해 다리를 바친 것이라네." 목자로 섬기는 것은 헌신이 아니라 거룩한 영적 특권임을 알려줘야 합니다. 조엘 오스틴의 말처럼 목자는 시시한 복에 만족하지 않고 하나님의 풍성하신 복을 바라보는 사람입니다.

하나님은 겸손히 기다리는 사람을 위해 무대를 준비하신다

결론적으로 건강한 목장교회로 전환하는 전략의 핵심은 '때를 기다리는 것'입니다. 하나님의 때가 되면 거두게 되어 있습니다. 전도서 3장 1절에 보면 "범사에 기한이 있고 천하만사가 다 때가 있나니."라고 말합니다. 믿음 없이 서두르면 이스마엘이 되고, 믿음으로 기다리면 이삭이 됩니다. 하박국 선지자는 2장 3절 말씀에서 이렇게 강조합니다. "이 묵시는 정한 때가 있나니 그 종말이 속히 이르겠고 결코 거짓되지 아니하리라 비록 더딜지라도 기다리라 지체되지 않고 반드시 응하리라."

중국 동부의 모소라는 대나무는 심으면 넷째 해까지는 땅 위로 아무 것도 올라오지 않습니다. 그러나 그동안 땅 밑에서는 대나무 뿌리가 수백 평방미터까지 빽빽하게 퍼져간다고 합니다. 그리고 마침내 다섯째 해가 되면 대나무들은 하루에 한 자가 넘게 자라 불과 6주 만에 15미터 이상씩 자랍니다. 4년이라는 기간은 뿌리를 내리기 위한 준비 기간인 셈입니다. 뿌린 씨앗이 언젠가는 열매를 맺는다는 확신을 갖는다면 기다릴 수 있습니다. 하나님은 하나님의 때에 열매를 거두게 하시기 때문입니다.

하나님은 겸손히 기다리는 사람을 위해 무대를 준비하십니다. 어차피 기다려야 한다면 즐기면서 기다리는 게 낫습니다. 목회는 해치워야 할 일이 아니라 삶 자체입니다. 그렇기 때문에 목회의 과정을 즐길 수 있어야 합니다. 하나님께서 상황을 바꾸고 계시는데 행복하지 못할 이유가 없습니다. 반대로 하나님의 시간을 앞당기기 위해 우리가 할 수 있는 일도 없습니다. 때가 되면 하나님의 계획이 열매를 맺을 테니 긴장을 풀고 삶을 즐기는 여유를 가져야 합니다. 내가 노력한다고 되는 일이 아니라 하나님께서 은혜를 베풀어 주셔야 가능한 일입니다. 또한 하나님은 준비하며 때를 기다린 사람을 쓰십니다. 준비하는 사람이 곧 비전의 사람입니다. 건강한 목장교회를 만드는 것은 어렵지만 행복한 일입니다. 저는 꿈의 교회에서 청년 1개, 장년 남녀 각 1개로 총 3개의 목장으로 목장교회를 시작했습니다. 그러나 지금은 공주, 대전, 세종에 수백 개의 목장이 있습니다. 비전을 품고 지치지 않는 열정으로 나아가면 하나님께서 반드시 이루십니다. 하나님은 건강한 목장교회를 세우고 싶어 하시기 때문입니다.

13장 건강한 교회의 사역

THE CHURCH DREAMS AGAIN

같은 교회 다른 생각

대부분의 전통교회는 목사가 성도들을 이끌어 나갑니다. 이런 교회는 성도들이 주의 종인 목사를 섬기고 대접합니다. 그러나 건강한 교회는 목사가 섬기는 종이 되고, 성도들이 세상 속에서 사역자로서 살아가도록 만듭니다. 외형상 이 두 종류의 교회는 크게 다르지 않은 것처럼 보입니다. 그러나 보이지 않는 차이가 있습니다. 전통교회는 목사가 주인공이 되는 교회지만 건강한 교회는 성도가 주인공이 되는 교회입니다. 이러한 차이는 목회자의 사역 철학과 목회 방향에서 결정됩니다. 아무리 목장교회를 지향한다 해도 출발점이 다르면 열매가 달라집니다. 전통교회가 피라미드 형태의 목회 구조를 가졌다면 건강한 교회는 역삼각형 형태의 목회 구조를 가집니다. 그리고 피라미드의 맨 위에 성도가 있습니다. 성도를 섬기기 위해 집사나 목자가 존재하고 집사나 목자를 섬기기 위해 각 기관장과 리더 목자혹은 지역장들이 존재합니다. 그리고 이들을 섬기기 위해 목사가 존재합니다엡 4:11-13.

어떤 목사는 교회의 부흥을 위해 평신도를 활용하라고 말합니다. 그러나 건강한 목회는 평신도를 하나님의 사역자로 세우는 것입니다. 성경적인 교회는 모든 성도가 하나님의 뜻과 소원을 따라빌 2:13, 부름받은 사역자로 섬기는 교회입니다. 달란트 비유에 나오는 것처럼 자신에게 맡겨진 것으로 봉사하는 성도가 많을수록 건강한 교회입니다. 우리는 모두 하나님께 부름받은 청지기이기 때문입니다벧전 4:10. 그러므로 교회는 성도들을 영적인 방관자나 구경꾼으로 만들면 안 됩니다. 그들 모두가 평신도 목회자라는 사명의식을 가지고 가정과 직장과 사회 속에서 소금과 빛의 역할을 감당하도록 구비시켜야 합니다.

영국의 훌륭한 목회자인 존 스토트John Stott 목사는 "그리스도인이라면 누구나 은사를 가지고 있을 뿐만 아니라 그 은사에 대한 책임을 지고 있다. 어떤 그리스도인도 영적 은사를 받지 못했거나 받지 않은 채로 존재할 수 없다는 사실은 신약의 근본 교리 중 하나이다."라고 말했습니다. 건강한 교회는 목사가 외로운 일꾼처럼 성도를 이끌어 나가는 것이 아니라 모든 성도가 사역자로 섬길 수 있도록 돕고 세우는 리더십을 발휘하는 교회입니다. 교회는 목회자는 일하고 성도는 즐기는 유람선이 아니라, 모든 성도가 함께 하나님 나라를 위해 싸우는 군함입니다. 목회의 본질은 모든 성도를 그러한 군사이자 거룩한 사역자로 세우는 것입니다. 예수님도 이 땅에 사는 동안 그러한 사역의 모범을 보여 주셨습니다막 10:45.

목사는 모든 성도가 하나님 나라에 대한 거룩한 비전을 가지고 세상을 향해 나아가도록 구비시켜야 합니다. 미래학자인 이성희 박사는 "예배자와 봉사자로 분리되지 않는 교인을 만들어야 한다. 이를 위해 예배뿐만 아니라 한국의 사회적 환경과 정서를 아우를 수 있는 소그룹을 시급히 개발해야 한다… 평신도가 가르치는 일과 봉사하는 일에 참여할 수 있도록 도와주는 것이 목회자의 필수적인 과제이다… 지난 세대에 한국 교회가 가지고 있던 성직 패러다임은 새로운 세기를 앞두고 평신도 사역의 극대화로 전환되어야 한다."고 주장하고 있습니다. 한국 교회의 미래는 모든 성도를 교회와 하나님을 섬기는 사역자로 구비시키는 일에 달려있습니다.

구원은 끝이 아니라 새로운 시작이다

구원은 끝이 아니라 완성으로의 새로운 시작을 의미합니다. 구원은 하나님의 자녀가 되어 하나님의 자녀처럼 살아가는 새로운 삶의 시작입니다. 성경은 '거듭남'이라는 표현으로 구원을 설명합니다. 그리스도인에게 있어 성공은 삶의 최종 목표가 아닙니다. 성공은 하나님의 사역자로서 살아가는 과정에 불과합니다. 그리스도인에게 성공이 최종 목표가 될 때 그 신앙은 기복신앙이 됩니다. 하나님이 주신 성공은 하나님을 섬기기 위한 도구일 뿐입니다. 물질도, 건강도, 재능도 다 하나님을 섬기는 도구입니다. 예수님을 믿는 것은 나를 버리고 그를 따르는 것입니다. 내 주장을 버리고 하나님의 계획과 뜻을 따르는 것입니다.

예수님을 믿는 것은 부담이 아니라 행복이다

사실 사역자로 사는 것은 무척이나 부담스러운 일입니다. 저 역시 복음에 대한 분명한 이해가 있기 전에는 그런 오해와 편견에 사로잡혀 있었습니다. 저는 목사의 아들로 자랐기 때문에 예수님을 인격적으로 만나기 전까지 억지로 교회에 나가는 경우가 많았습니다. 부모님의 강요와 교회의 분위기 때문에 마지못해 교회에 다녔던 괴로운 기억이 있습니다. 그래서 어릴 때부터 예수님을 믿는 것은 참으로 피곤한 일이라는 생각을 가지고 있었습니다. 그런데 예수님을 만나고 나니까 믿는 것은 고통이 아니라 축복임을 깨닫게 되었습니다. 하나님은 자신의 자녀가 기쁘고 즐거운 삶을 살기를 원하십니다. 예레미야 31장 13절에 보면 이런 말씀이 있습니다. "내가 그들의 슬픔을 돌려서 즐겁게 하며 그들을 위로하여 그들의 근심으로부터 기쁨을 얻게 할 것임이라." 하나님은 우리가 슬프고 우울한 삶을 살기를 원치 않으십니다. 시편 21편 6절에도 "그가 영원토록 지극한 복을 받게 하시며 주 앞에서 기쁘고 즐겁게 하시나이다."라고 말씀하고 있습니다. 예수님을 믿는 것은 이처럼 행복한 일입니다.

행복한 사역자로 살아가기

목회는 모든 성도가 그리스도 안에서 성공하게 만드는 것입니다. 그리고 이 성공을 도구로 삼아 하나님을 섬기는 사역자로 즐겁게 살도록 만드는 것입니다. 그리스도인의 성공이란 하나님이 우리를 창조하시고, 구원하신 목적대로 사는 것입니다. 헬렌 켈러를 키운 설리반의 말처럼 다른 사람의 필요를 자신의 필요만큼 소중히 여기기 시작할 때 진정한 사랑은 시작됩니다. 히브리서 10장 24-25절에 보면 "서로 돌아보아 사랑과 선행을 격려하며 모이기를 폐하는 어떤 사람들의 습관과 같이 하지 말고 오직 권하여 그 날이 가까움을 볼수록 더욱 그리하자."고 강조합니다. 오늘날 건강하게 성장한 교회를 살펴보면 거의 예외 없이 소그룹을 기초로 하여 건강한 공동체가 형성되어 있습니다. 그리스도인들에게 소그룹으로 규칙적으로 만나는 일은 선택 사항이 아닙니다. 교회의 본질을 회복하고 성경적으로 부흥하는 공동체가 되기 원한다면 반드시 따라야 할 하나님의 명령입니다. 꿈의 교회는 성도에게 목장의 중요성을 이해시키는 데 많은 시간을 투자합니다. 목장 안에서 서로의 삶을 나누며 친밀한 영적 관계를 유지하도록 목자들을 훈련합니다. 특별히 소그룹인 목장 공동체를 유지하는 비결은 목장에서 나눈 비밀을 잘 지키는 것에 있습니다. 더불어 목원들이 서로를 배려하고 돌보며 격려하는 문화를 만들도록 합니다. 목원은 서로의 성공을 축하하고 격려할 수 있어야 합니다. 우리는 그리스도 안에서 하나 된 영적 가족이기 때문입니다.

둘째로 모든 그리스도인은 교회 공동체를 위해 헌신해야 합니다. 오늘날 많은 그리스도인이 교회다운 교회에서 신앙생활을 해보고 싶다고 말합니다. 이것은 많은 교회가 성경이 말하는 교회의 본질을 제대로 보여주지 못한 결과입니다. 이런 성도들의 갈증과 요구가 상상을 초월할 만큼 크다는 사실에 주목해야 합니다. 교회는 많지만 건강한 교회는 찾기 힘들기 때문입니다. 이러한 문제를 해결하려면 먼저 교회의 본질부터 바로 이해해야 합니다.

교회는 하나님의 백성들의 연합으로 하나 됨의 공동체입니다. 교회는 '네가 없으면 내가 존재할 수 없으며, 내가 아니면 네가 생존할 수도 성장할 수도 없다는 생명의 상호 의존 관계'입니다. 교회는 그 본질에 있어서 구성원들의 삶이 상호 의존 관계를 지닙니다. 모든 그리스도인은 자신을 양육하고 지원해주는 신앙공동체를 필요로 합니다. 성도 개인이 공동체로부터 분리되어 신앙생활을 유지하는 것은 불가능에 가까운 일입니다. 왜냐하면 교회 공동체를 통한 변화와 성숙이 하나님이 세우신 계획이기 때문입니다. 모든 성도는 교회 공동체 안에서 서로 관계를 맺으며 성장하도록 계획되었습니다. 즉 모든 그리스도인은 예수님 안에서 떼려야 뗄 수 없는 관계성으로 하나가 되었습니다. 예수님은 모든 세대 중에서 그분을 믿는 무리를 하나의 새 공동체로 묶어 '내 교회'라고 칭하셨습니다. 그러므로 교회 공동체는 이 땅에서 그리고 영원토록 그분의 가장 귀한 소유입니다마 16:17-19.

하나님을 향한 사랑은 교회를 위한 섬김으로 증명된다

길버트 빌지키언Gillbert Bilezikian 박사는 그리스도께서 사랑하시는 교회를 사랑하지 않으면서 그리스도를 사랑한다고 말하는 사람은 그리스도를 정말로 사랑하지 않는 것이라고 했습니다. 그리스도를 향한 참된 사랑은 반드시 교회에 대한 사랑으로 나타나게 되어 있습니다. 하나님께서는 이 세상을 너무나 사랑하셔서 독생자를 주셨습니다요 3:16. 그리고 그 아들은 교회를 너무나 사랑하셔서 교회를 위해 자신의 생명을 바쳤습니다엡 5:25. 그러므로 교회는 하나님의 사랑의 결정체입니다. 그렇기 때문에 정말로 그리스도를 사랑하는 사람은 교회를 향한 뜨거운 열정을 품게 되어 있습니다. 따라서 그리스도를 사랑하는 모든 그리스도인은 교회 공동체를 위해 헌신해야 합니다. 교회는 세상을 사랑하는 하나님의 방식이며 꿈이기 때문입니다. 사도행전 20장 28절에 보면 "여러분은 자기를 위하여 또는 온 양 떼를 위하여 삼가라 성령이 그들 가운데 여러분을 감독자를 삼고 하나님이 자기 피로 사신 교회를 보살피게 하셨느니라."라고 말씀하고 있습니다. 모든 그리스도인은 사도 바울의 고백처럼 그리스도의 남은 고난을 그의 몸 된 교회를 위하여 내 육체에 채우겠다는 마음으로 교회를 섬기는 삶을 살아야 합니다.

자기 모습대로, 교회의 필요를 따라 섬기는 사역자

　교회 공동체를 세우기 위해서는 모든 그리스도인이 자기 모습대로Shape 섬겨야 합니다. 로마서 12장 4절은 "우리가 한 몸에 많은 지체를 가졌으나 모든 지체가 같은 기능을 가진 것이 아니니 이와 같이 우리 많은 사람이 그리스도 안에서 한 몸이 되어 서로 지체가 되었느니라."고 말씀하고 있습니다. 사람마다 받은 은사가 다르기 때문에 각각 은사를 받은 대로 선한 청지기 같이 봉사해야 합니다벧전 4:10. 그래서 꿈의 교회에서는 은사를 가진 사람이 있으면 없는 사역 팀을 만들기도 하고, 사람이 없으면 사역 팀을 해체하기도 합니다. 각 사람의 은사대로 사역하는 것이 중요하기 때문입니다. 이를 위해 '섬김의 삶'이라는 양육 과정을 통해 성도들이 자신의 은사를 발견할 수 있는 기회를 제공합니다. 또한 'HRD'라는 '인적자원개발조사'를 실시해서 평신도의 사역 참여와 효율적인 은사 활용을 돕고 있습니다. 하나님은 모든 사람에게 독특한 기질과 은사를 주셨습니다. 성도는 이러한 자신의 기질과 은사를 따라 교회 공동체를 섬겨야 합니다.

　더불어 모든 성도는 교회의 필요를 따라 사역해야 합니다. 마가복음 11장 3절에 보면 "만일 누가 너희에게 왜 이렇게 하느냐 묻거든 주가 쓰시겠다 하라."고 말씀합니다. 고린도후서 1장 19절에서도 "너희 가운데 전파된 하나님의 아들 예수 그리스도는 예 하고 아니라 함이 되지 아니하였으니 그에게는 예만 되었느니라."고 가르쳐 줍니다. 비록 하고 싶은 일이 아니더라도 교회가 필요로 하는 일이라면 기꺼이 섬길 수 있어야 합니다. 가진 은사와 맞지 않더라도 주님이 원하시면 교회의 필요에 따라 헌신하는 것이 진정한 사역자의 태도입니다. 그러나 가능하면 교회의 필요와 성도의 사명을 조화시켜야 합니다.

마지막으로 모든 성도는 목장과 교회 공동체를 섬기는 사역자로 살아야 합니다. 디모데후서 2장 15절에 보면 이렇게 말합니다. "너는 진리의 말씀을 옳게 분별하며 부끄러울 것이 없는 일꾼으로 인정된 자로 자신을 하나님 앞에 드리기를 힘쓰라."

간절함이 은혜다

오래 전 스타킹이라는 TV프로그램을 보았는데, '총각네 야채가게' 이영석 사장이 250대 1의 경쟁률을 뚫고 선발된 5명의 지원자 중에서 1명을 직원으로 뽑는 내용이었습니다. 그런데 예고와는 달리 이영석 사장은 그 자리에서 두 명의 직원을 선발했습니다. 사회자가 왜 그렇게 했냐고 묻자 그는 추가로 뽑게 된 직원은 돈을 벌고자 하는 간절함이 있었는데, 그런 간절함이라면 뭐든지 해낼 수 있다고 생각되어 선발했다고 대답했습니다. 저는 그 장면을 보면서 '과연 우리에게는 하나님에 대해 저 정도의 간절함이 있는가?'라는 생각이 들었습니다. 그동안의 목회를 되돌아보니 저에게는 건강한 교회를 세우고자 하는 간절함이 있었던 것 같습니다. 교회다운 교회를 세우고자 했던 간절함이 오늘날 꿈의 교회를 만든 것 같습니다. 마찬가지로 하나님 나라에 대한 간절함이 있다면 하나님 나라를 위한 삶을 살게 되어 있습니다. 하나님에 대한 간절함과 영적 집중력이 하나님 나라를 확장해 나가는 능력입니다.

하나님 나라를 세우는 사람

예수님은 부활하신 후 승천하시기까지 40일 동안 하나님 나라의 일을 말씀하셨습니다. 사도행전 1장 3절에 보면 이렇게 말씀하십니다. "고난 받으신 후에 또한 그들에게 확실한 많은 증거로 친히 살아 계심을 나타내사 사십 일 동안 그들에게 보이시며 하나님 나라의 일을 말씀하시니라." 이때 제자들이 예수님께 묻습니다. "그들이 모였을 때에 예수께 여쭈어 이르되 주께서 이스라엘 나라를 회복하심이 이 때니이까 하니 이르시되 때와 시기는 아버지께서 자기의 권한에 두셨으니 너희의 알 바 아니요 오직 성령이 너희에게 임하시면 너희가 권능을 받고 예루살렘과 온 유대와 사마리아와 땅 끝까지 이르러 내 증인이 되리라 하시니라행 1:6-8." 목사는 모든 성도가 하나님 나라의 사역자로 헌신하도록 만드는 영적 코치입니다. 그러므로 성도들이 하나님 나라에 대해 간절해지도록 만들어야 합니다. 그래야 하나님 나라를 목표로 살 수 있습니다눅 11:2.

어떤 사람이 지옥은 자기 일만 하던 사람이 모이고, 천국은 하나님 일만 하던 사람이 모인 곳이라고 말했습니다. 하나님을 기쁘시게 하는 것이 우리가 원하는 전부가 될 때 하나님은 우리의 필요를 채워주십니다. 한 갤럽 조사에 따르면, 70세 이상 노인들이 자신의 인생에서 가장 후회되는 것이 무엇이냐고 물었을 때 인생의 수많은 선택과 기회 속에서 모험과 헌신을 택하지 않은 것이라고 답했습니다. 무엇이든 적당히 하는 것이 가장 나쁜 것입니다. 성도는 최선을 다하는 사람입니다. 기도만 하고 헌신하지 않는 것은 위선입니다. 헌신은 위대한 기회의 문을 여는 열쇠입니다. 하나님은 자신에게 전적으로 헌신한 사람을 통하여 역사하십니다. 그래서 영성의 대가 맥스 루케이도는 '하나님은 우리를 있는 그대로 사랑하십니다. 그러나 우리를 그대로 두시지는 않습니다. 하나님은 우리가 예수님처럼 되기를 원하십니다. 그리스도인은 하나님 나라의 일을 위해 부름을 받은 사람입니다'라고 말합니다. 그러므로 하나님 자녀로 택하심과 하나님을 섬기는 사역자로 부르심을 따라 하나님 나라를 위해 살면 실족할 일이 없습니다. 그래서 베드로후서 1장 10절은 "그러므로 형제들아 더욱 힘써 너희 부르심과 택하심을 굳게 하라 너희가 이것을 행한즉 언제든지 실족하지 아니하리라."고 말씀합니다.

택하심과 부르심을 따라 섬기는 사역자

하나님 나라를 위한 헌신에는 두 종류가 있습니다. 첫 번째로 모든 성도는 하나님의 택하심을 따라 헌신해야 합니다. 우리는 하나님의 자녀로 택함받은 사실을 확신할 때 헌신의 삶을 살 수 있습니다. 주님은 마태복음 11장 28절에서 "수고하고 무거운 짐 진 자들아 다 내게로 오라."고 말씀하십니다. 하나님께 나아오는 자는 하나님 안에서 영적인 쉼을 누릴 수 있습니다. 하나님 자녀로서의 축복을 누릴 수 있습니다. 하나님의 자녀다운 당당함으로 하나님을 섬길 수 있습니다. 가진 것이 없고 배운 것이 없어도 예수님 안에서 자존감을 가지고 건강한 사역자로 살아갈 수 있습니다. 두 번째로 하나님의 부르심을 따라 헌신해야 합니다. 모든 그리스도인은 왕 같은 제사장으로 섬기도록 부르심을 받은 사람입니다. 그러므로 왕 같은 제사장다운 자존감과 자긍심을 가지고 하나님 나라를 위해 헌신해야 합니다. 마태복음 28장19-20절에 보면 모든 족속으로 제자를 삼으라고 말씀하고 있습니다. 즉 우리는 '가서 섬기는 사역자'가 되어야 합니다. 생애 최고의 날은 자기 인생의 사명을 자각하는 날입니다. 나를 향한 하나님의 목적을 깨닫는 것이 진정한 축복입니다.

목사는 영적 코치다

그렇다면 어떻게 모든 성도를 사역자로 세울 수 있습니까? 에베소서 4장 12절 말씀처럼 목회는 성도를 온전케 하며 봉사의 일을 하게 하여 그리스도의 몸을 세우는 일입니다. 즉 목사는 혼자서 열 사람 몫의 일을 하는 사람이 아니라, 열 사람이 일할 수 있도록 훈련시키는 사람입니다. 이것이 코칭 리더십입니다. 건강한 교회는 이러한 코칭 목회를 통해 이루어집니다. 코칭 목회란 모든 성도가 각자의 은사를 가지고 그리스도의 몸인 교회를 통해 사람을 살리고 전도/선교, 고치고목장, 키우고교육, 세우고사역/예배, 보내게증거 하는 것입니다. 이를 위해 목사는 계속해서 새로운 리더를 발굴하여 투자해야 하며, 그들에게 하나님 나라에 대한 책임감을 부여해야 하고 효과적으로 지도해야 합니다. 『크리스천 코칭』이라는 책을 쓴 게리 콜린스 박사는 코칭을 이렇게 정의합니다. "코칭은 한 개인이나 그룹을 현재의 위치에서 그들이 바라는 더 유능하고 만족스러운 지점까지 나아가도록 인도하는 기술이자 행위이다. 코칭은 사람들이 자신의 비전을 구체화하여 자신감을 가지고 잠재력을 발휘하도록 돕는 것이다. 또한 자신의 기술을 증진시키며 목표를 이루기 위한 실제적인 조치를 취하도록 돕는 것이다."

모든 성도를 사역자로 세우는 코칭 목회를 위해서는 모든 성도를 향한 하나님의 뜻과 목적을 가르치는 것입니다. 로마서 12장 2절에 보면 "너희는 이 세대를 본받지 말고 오직 마음을 새롭게 함으로 변화를 받아 하나님의 선하시고 기뻐하시고 온전하신 뜻이 무엇인지 분별하도록 하라."고 말합니다. 히브리서 13장 21절에서도 "모든 선한 일에 너희를 온전하게 하사 자기 뜻을 행하게 하시고 그 앞에 즐거운 것을 예수 그리스도로 말미암아 우리 가운데서 이루시기를 원하노라."고 말씀하고 있습니다. 먼저 하나님의 뜻이 무엇인지를 알아야 하나님의 뜻대로 살아갈 수 있습니다. 목사는 성도들에게 부지런히 말씀을 가르쳐 지금 내가 살고 있는 이 시대, 이 장소에서 하나님이 자신에게 부여하신 뜻이 무엇인지를 알고 행하게 해야 합니다.

바로 그 교회가 기대하는 사역자

꿈의 교회에서는 하나님의 뜻을 다섯 가지로 요약해서 설명합니다.

(1) 지역사회에 영향력을 끼치는 탁월한 그리스도인이 되는 것입니다(증거).
  신명기 28장 1절에 보면 "네 하나님 여호와께서 너를 세계 모든 민족 위에 뛰어나게 하실 것이라."고 말씀하고 있습니다. 하나님은 모든 그리스도인이 세상 속에서 뛰어난 삶을 살기를 원하십니다. 하나님 나라를 세우는 사역자로서 영향력을 확장해 나가기 위해서는 탁월한 그리스도인이 되어야 하기 때문입니다. 여기서 탁월하다는 것은 다른 사람과 비교해서 더 나은 사람이 되는 것을 의미하지 않습니다. 다른 사람을 이기는 사람이 탁월한 사람이 아니라, 자기 자신을 이기는 사람이 탁월한 사람입니다. 바울처럼 자신의 정욕과 욕심을 날마다 죽이고 예수로 사는 사람이 탁월한 사람입니다. 이런 삶이 예수님을 증거할 수 있습니다.

(2) 교회에 믿음의 영향력을 끼치는 존경받는 그리스도인이 되는 것입니다(교제).
  로마서 12장 10절은 "형제를 사랑하여 서로 우애하고 존경하기를 서로 먼저 하며…."라고 가르치고 있습니다. 그리스도인은 섬김의 모습을 통해 존경받는 믿음의 사람이 되어야 합니다.

(3) 성도들에게 인정받는 그리스도인이 되는 것입니다(사역).

디모데후서 2장 15절에 보면 "부끄러울 것이 없는 일꾼으로 인정된 자로 자신을 하나님 앞에 드리기를 힘쓰라."고 말합니다. 교회 공동체를 세우는 충성된 일꾼으로 인정받는 삶을 사는 것이 하나님의 뜻입니다.

(4) 세상 사람과 구별된 삶을 사는 그리스도인이 되는 것입니다(양육).

레위기 20장 26절은 "너희를 만민 중에서 구별하였음이니라."라고 말합니다. 그러므로 그리스도인은 하나님을 닮아가는 경건의 연습을 통해 세상과 구별된 거룩한 삶을 살아야 합니다.

(5) 하나님과 사람에게 칭찬받는 그리스도인이 되는 것입니다(예배).

로마서 14장 18절에 보면 "그리스도를 섬기는 자는 하나님을 기쁘시게 하며 사람에게도 칭찬을 받느니라."고 말합니다. 하나님은 모든 그리스도인이 뿌리 깊은 영성으로 예배하는 삶을 살기를 원하십니다.

14장 THE CHURCH DREAMS AGAIN
건강한 교회의 양육 1

양육 훈련이 답이다

어떻게 하면 목회자만 일하는 교회가 아니라, 성도들이 함께 섬기는 교회가 될 수 있을까요? 양육훈련이 답입니다. 모든 성도는 사역을 위해 창조되었음을 가르치는 것입니다. 성도의 변화는 말씀과 성령을 통해 이루어집니다. 성령님의 역사를 통한 변화는 강렬해서 성도에게 영적, 감정적인 변화를 일으킵니다. 하지만 성도의 가치관과 삶의 변화는 양육 훈련을 통해 이루어집니다. 하나님은 말씀을 통해 어떻게 하나님을 섬기고, 하나님의 자녀답게 살아가야 할지를 알려줍니다. 건강한 교회는 성령과 말씀의 능력이 균형을 이룬 교회입니다. 그러므로 건강한 교회가 되려면 든든한 말씀의 기초 위에 성령의 역사를 더해야 합니다. 말씀 없는 성령의 역사는 성도의 믿음을 허약하게 만듭니다. 또한 말씀이 없는 열정은 신앙을 왜곡시키며 변질시킵니다. 건강한 교회가 되려면 말씀에 대한 집중력을 키우는 동시에 체계적인 훈련이 이루어져야 합니다. 에베소서 4장 11-13절에 보면 목사는 교사이기도 합니다. 목사의 주된 역할은 가르치는 것입니다. 성경에 보면 가르치는 장로목사를 배나 존경하라고 말합니다. 가르치는 일이 얼마나 중요한지를 알려주는 말씀입니다.

그렇기 때문에 건강한 교회로 부흥하기 위해서는 성도의 영적 성장에 대한 분명한 목표를 세우고 양육 훈련에 집중해야 합니다. 요한일서 2장 12절의 말씀을 보면 영적 성숙의 단계에 대해 설명하고 있습니다. 예수의 이름으로 죄 사함을 받고 새사람이 되는 변화의 단계가 있습니다자녀. 자녀가 아버지를 알아가는 성장의 단계가 있습니다아이. 하나님의 말씀으로 강하고 악한 자를 이기는 성숙의 단계가 있습니다청년. 하나님의 뜻과 목적을 이해하고 열매 맺는 단계가 있습니다아비.

오늘날 많은 교회가 열정적으로 양육 훈련을 시작하지만 실패하는 이유는 각 단계에 적정한 가르침과 훈련이 체계적으로 이루어지지 않기 때문입니다. 각 성도는 자신의 영적 수준에 맞는 내용과 방법으로 가르침을 받아야 합니다.

다음은 우리 교회의 '예수님짜리'라는 양육 훈련을 마친 한 집사님의 간증입니다.

예수님짜리를 통해 새로운 진리를 깨닫게 하시고, 새로운 결단을 내리도록 인도하신 하나님께 감사와 찬양을 올려드립니다. 저는 막대기 신앙을 가진 사람이었습니다. 홀로 단단하게 굳어져서 다른 사람과 온전한 화합을 이루기 어려워하는 사람이었습니다. 신앙 안에서도 겉으로는 성도들과 교제하고 봉사하는 일을 해왔지만 마음 깊은 곳에서는 혼자

똘똘 뭉쳐진 자존심과 욕심이 가득해서 진정 하나 되는 기쁨을 누리지 못했습니다.

하나님과 일대일 관계에서 견고히 성장하려 노력하지만, 공동체 안에서 함께 성장하는 기쁨은 몰랐습니다. 그런데 이 과정에서 새로 알게 된 것이 하나님은 교회 안에서 다른 지체들과 함께 하나가 되어 몸 된 주님의 교회로 지어져가길 원하신다는 것입니다. 하나님은 저를 예수님짜리로 부르셨고 신령한 모든 복도 허락하셨습니다. 이제는 제가 예수 그리스도 안에서 공동체와 함께 하나님의 선한 일을 이루어가야 할 때임을 알고 있습니다.

이번 과정에서 가장 감사한 것은 그의 부르심의 소망이 무엇인지 알게 되었다는 것입니다. 하나님은 제가 속한 교회 공동체, 가정 공동체, 직장 공동체에서 예수님짜리로 살아가며 하나님의 선한 일을 이루시기 위해 저를 부르셨습니다. 이제는 공동체와 함께 성장하며 공동체를 위해 헌신하는 제가 될 것입니다.

하나님을 아는 것과 믿는 것이 하나 되어, 삶의 자리에서 하나의 밀알로 살아가겠습니다.

바로 그 교회를 위한 양육 단계와 목표

저는 성경을 읽으면서 모든 성도를 사역자로 세울 양육과 훈련 단계에 대해 많은 생각을 했습니다. 성도의 수준에 적절한 양육 훈련이 진행되어야 효과가 있기 때문입니다. 꿈의 교회 양육 훈련의 목표와 단계는 교회의 다섯 가지 사명에 기초를 두고 있습니다. 건강한 교회는 신약성경이 가르치는 교회의 다섯 가지 사명 위에 지속적인 성장을 하는 균형 잡힌 교회입니다.

양육 훈련을 통한 꿈의 교회 성도들의 성장 목표는 다음의 표와 같습니다. 이 표에 있는 내용이 꿈의 교회 목회의 핵심 가치입니다.

교회사명	성장목표 성장단계	1차 목표	2차 목표	3차 목표	4차 목표	최종 목표
교육	1. 변화	참 제자 요 8:31	사역자 벧전 2:9	청지기 벧전 4:10	가르치는 자 마 28:20	성도들의 영적 코치 히 5:12
교제	2. 성숙	멘토 딤후 2:2	목자 요 21:17	리더목자 요 21:17	지도자 겔 22:30	교회의 핵심 인재 잠 25:13
봉사	3. 헌신	성공 창 1:28	목장 행 2:46	교회 행 20:28	하나님 나라 마 6:33	열정의 사명자 벧후 1:10 딤후 2:15
전도	4. 증거	개인 증거자 행 5:42	팀 증거자 눅 10:1	직장 증거자 딤후 4:2	전임 증거자 딤후 4:5	하나님 나라 증인 행 1:8
예배	5. 예배	공동 예배 요 4:23	개인 예배 막 1:35	구도자 예배 롬 15:11	영성 롬 12:1-2	온전한 그리스도인 벧전 4:16

양육 훈련의 목표는 똑똑한 그리스도인을 만들어내는 것이 아닙니다. 교회 공동체와 하나님 나라에 헌신된 그리스도인을 세우는 것입니다. 존 맥스웰의 말처럼 모든 사람을 양육하고 많은 사람을 구비시키며 적은 사람들을 발전시켜야 합니다. 초대교회는 날마다 모이고, 모일 때마다 가르쳤습니다. 바울도 가는 곳마다 가르치는 일에 힘썼고행 19:9, 다른 지도자들에게도 가르치는 일에

힘쓰라고 계속해서 권면하고 있습니다딤전 4:11, 13. 예수님도 이 땅에서 사역하는 동안 가르치는 일에 집중하셨습니다. 성도에게 말씀을 가르치지 않으면 건강한 교회로 세워질 수 없습니다. 예수님이 제자들에게 주신 마지막 명령도 '가르쳐' 지키게 하라는 것이었습니다마 28:20.

현재 꿈의 교회는 다섯 단계의 양육 과정을 진행하고 있습니다. 첫 번째 양육 과정인 '블레싱 코스'는 총 6개의 과목으로 되어 있으며 하나님 자녀로서 축복을 누리며 교회 공동체 안에서 한 가족으로 소속되게 합니다. 두 번째 양육 과정인 '사역자 코스'는 총 5개의 과목으로 되어 있으며, 구원하신 하나님의 목적을 발견하여 섬기는 사역자의 특권을 누리게 합니다. 세 번째 양육 과정인 '목자 코스'는 총 4개의 과목으로 되어 있으며, 하나님의 부르심을 깨달아 교회 공동체를 세우는 목자와 교사로 준비되게 합니다. 네 번째 양육 과정인 '리더 코스'는 총 5개의 과목이 있으며 교회 공동체를 통한 하나님 나라 확장과 세상 속에서 영향력을 끼치는 영적 리더로 살게 합니다. 마지막으로 다섯 번째 양육 과정인 '라이프 코스'는 총 6개의 과목으로 되어 하나님을 더 깊이 알아가는 기쁨과 행복을 누리게 합니다.

양육 훈련 플러스

각 코스가 끝날 때는 필요한 세미나를 열어 더 집중적으로 가르칩니다. 각 세미나는 약 이틀간 집중적인 강의와 간증과 감동이 있는 이벤트를 통해 성도들이 각 코스에서 배운 내용을 삶에 적용하도록 돕습니다.

블레싱 코스가 끝나면 목적이 이끄는 삶 세미나를 개최하는데 7번의 집중 강의를 통해 성도들이 삶의 목적을 발견하고, 목적이 이끄는 삶의 축복을 경험하도록 만듭니다. 이 세미나는 단순히 세미나로 진행하는 것이 아니라, 각 강의 전에 주제와 연관된 영상, 간증, 스킷 드라마, 기질 폰트 등을 보여주면서 지루하지 않게 진행합니다. 사역자 코스가 끝나면 목자의 삶 세미나를 개최합니다. 이 세미나는 성도들이 평신도 사역자로서의 사명감을 갖게 만듭니다. 목자의 삶의 풍성함과 영적 사명을 깨달아 하나님의 부르심에 응답하도록 만드는 것입니다. 이 과정은 꿈의 교회 리더로서의 철학과 내용을 배우는 핵심 과정이라고도 할 수 있습니다. 세 번째 목자 코스가 끝나면 영적 전쟁과 승리의 삶 세미나를 개최해 성도가 직면한 영적 전쟁에서 승리하는 비결을 알려줍니다. 네 번째 리더 코스가 끝나면 전인 리더십 세미나를 개최합니다. 성숙한 지도자로 섬길 수 있도록 동기를 부여하고 격려하는 시간을 가집니다.

바로 그 교회를 위한 양육 방법

꿈의 교회는 크게 1년에 2학기씩 13주에 걸쳐서 양육 훈련을 진행합니다. 예전에는 양육 훈련이 시작되면 수요 예배가 양육체제로 전환되었지만 요즘은 성도들의 필요에 맞춰 주일 오전과 수요일 오전에도 양육 훈련을 받을 수 있게 했습니다. 때로는 금요 기도회에 참석하는 대신 양육 훈련에 참여할 수 있도록 선택권을 주기도 합니다. 대부분 평신도 리더들이 가르치지만, 전문성이 요구되는 과정은 훈련받은 교역자가 가르칩니다.

양육 교재는 교회 내에서 자체 제작한 것과 출판된 교재들을 함께 사용합니다. C. S. 루이스는 이렇게 말했습니다. "교회는 오직 사람들을 그리스도께로 이끌어 작은 그리스도를 만들기 위해 존재한다. 이 일을 하지 않는다면 건물도, 성직자도, 선교도, 설교도, 심지어 성경까지도 시간 낭비에 불과하다." 양육 훈련은 건강한 교회로 부흥하는 기본입니다. 말씀을 가르치지 않고 훌륭한 성도를 만드는 것은 거의 불가능한 일입니다. 성도들에게 빨리 성장하라고 강조하면서도 어떻게 성장해야 하는지 알려주지 않고, 어디로 가야 하는지를 말하면서도 어떻게 가야 할지를 말해주지 않는다면 당황합니다. 성도들은 양과 같습니다. 목자인 목사가 바른 길을 알려주고 보여주지 않는다면 성도들은 방황하게 되어 있습니다. 빠른 길만 강조하지 말고 바른 길을 알려줘야 합니다.

한 번에 회심할 수 있지만 한 번에 성장할 수는 없다

모든 성도를 사역자로 세우기 위해서는 양육 훈련의 목표와 원리를 분명히 해야 합니다. 순풍에 달리는 배도 가는 목적지가 없으면 표류하는 것에 불과합니다. 골로새서 1장 28-29절에 보면 양육 훈련의 목적에 대해 이렇게 말합니다.

"우리가 그를 전파하여 각 사람을 권하고 모든 지혜로 각 사람을 가르침은 각 사람을 그리스도 안에서 완전한 자로 세우려 함이니 이를 위하여 나도 내 속에서 능력으로 역사하시는 이의 역사를 따라 힘을 다하여 수고하노라."

양육 훈련의 최종 목표는 성도들이 그리스도를 따르는 제자에서 그리스도를 닮은 그리스도인이 되는 것입니다. 그리스도를 닮은 그리스도인. 이것이 바로 골로새서에서 말하는 '그리스도 안에서 완전한 자'의 의미입니다. 이것을 다른 말로 설명하면 데살로니가전서 1장 6-7절 말씀처럼 성도들은 주님을 본받는 자가 되고, 또 다른 이들의 본이 되게 가르치는 것입니다. "또 너희는 많은 환난 가운데서 성령의 기쁨으로 말씀을 받아 우리와 주를 본받은 자가 되었으니 그러므로 너희가 마게도냐와 아가야에 있는 모든 믿는 자의 본이 되었느니라."

주님을 본받는다는 의미는 인생의 틀, 즉 가치관 자체를 바꾸는 것을 의미합니다. 인생의 기준과 목적 자체를 바꾸는 것입니다. 주님을 본받는다는 것은 도덕적으로 세상 사람들보다 더 나은 사람이 되었다는 말이 아닙니다. 남들보다 더 잘 살기 위해 물질에 목숨 걸며 살았던 사람이 하나님 나라를 목적으로 살게 되는 것을 의미합니다. 사람들은 주님을 본받는다는 말을 원수를 사랑하고 끝까지 참는 행동의 변화 정도로 생각합니다. 그러나 주님을 본받는다는건 인생의 틀을 바꾸는 것입니다. 기본 틀이 잘못되면 틀에 맞춰 만든 것이 다 잘못되는 것처럼, 우리도 인생의 틀이신 예수 그리스도를 기준으로 살지 않으면 모든 삶이 엉망이 됩니다. 양육은 이러한 인생의 틀을 바꿔주는 것입니다. 인생의 목적어가 바뀌고, 삶의 주인이 바뀌는, 즉 그리스도 안에서 완전한 자로 세우는 것입니다. 그러므로 양육 훈련은 예수님이 어떤 분이시고, 예수님의 뜻은 무엇이며, 예수님이 가르쳐준 삶의 기준은 무엇인지를 가르쳐야 합니다.

그렇기 때문에 양육 훈련은 목적과 단계별 목표를 분명히 설정하고 시작해야 합니다. 사람이 한 번에 회심할 수는 있지만 한 번에 성장할 수는 없습니다. 그리스도를 닮아가는 인격의 변화나 영성은 속성으로 이루어지지 않습니다. 하나님의 자녀가 된 이들에게 하나님 중심의 삶이 무엇이며, 하나님의 자녀로서의 정체성이 무엇이고, 어떻게 하나님의 자녀답게 사람을 대하고, 세상을 바라볼 것인지를 가르쳐야 합니다. 아무리 급해도 서둘러서는 안 됩니다. 급격한 변화는 오히려 강한 저항과 반발을 가져옵니다. 그렇기 때문에 모든 성도를 사역자로 변화시키는 양육 훈련은 지속적으로 쉬지 않고 진행해야 하며 목회자의 분명한 철학과 열정과 인내가 뒷받침되어야 합니다. 양육 훈련을 목회의 우선순위에 놓는 결단이 필요한 것입니다.

15장 THE CHURCH DREAMS AGAIN
건강한 교회의 양육 2

변화의 삶 시작하기 – 참 제자

　모든 성도를 사역자로 세우는 양육 훈련의 첫 번째 목표는 참 제자가 되게 하는 것입니다. 마태복음 28장 18-20절에 보면 예수님께서는 모든 족속으로 제자를 삼으라고 말씀하십니다. 그러나 제자는 단순히 예수님을 따라가는 사람이 아닙니다. 예수님을 인정한다고 제자가 되는 것이 아닙니다. 단지 주일 예배에 출석하는 것을 의미하는 것도 아닙니다. 예수님의 제자가 된다는 것은 나의 삶에 대한 그분의 계획과 뜻을 받아들이는 것을 의미합니다. 예수님은 누가복음 14장 26절에서 이렇게 말씀하셨습니다. "무릇 내게 오는 자가 자기 부모와 처자와 형제와 자매와 더욱이 자기 목숨까지 미워하지 아니하면 능히 내 제자가 되지 못하고." 예수님이 말씀하신 제자의 의미는 자신의 전 존재를 걸고 예수님을 따르는 사람입니다. 예수님은 사람들이 생각하는 제자의 수준과 자신의 기준을 구별하기 위해 요한복음 8장 31절에서 이렇게 말씀하셨습니다. "그러므로 예수께서 자기를 믿은 유대인들에게 이르시되 너희가 내 말에 거하면 참으로 내 제자가 되고." 오늘날 단순히 종교적인 습관을 신앙생활처럼 여기는 현실 속에서 예수님이 의도하신 제자의 의미는 자신의 시간, 물질, 심지어 목숨과 인생까지 예수님께 거는 것입니다. 한마디로 그리스도의 주재권을 인정하는 것입니다. 그리스도에게 헌신하며, 그리스도의 길을 걷고, 그리스도의 삶을 살며, 그리스도의 사랑과 진리를 다른 사람들에게 나누어주는 사람입니다. 예수님의 제자가 되는 것은 단지 신앙생활을 유지하는 것이 아니라 그분의 은혜로 삶의 모든 영역을 변화시켜 가는 것입니다.

진게츠Gene Getz는 변화된 초대교회 성도들의 모습을 이렇게 표현하고 있습니다. "사도들과 복음 전도자들은 가는 곳마다 제자를 만들었고 지역 교회가 탄생되었다. 당시 사회의 여러 계층이 그리스도 안에서 새로운 관계를 맺고 형제자매가 되었으며 하나님의 가족으로 묶여졌다. 그들은 더 이상 '떠돌아다니는 사람'이 아닌, 지역 사회 안에 거주하며 일상생활에서의 책임과 의무를 다하는 하나의 위대하고 경이로운 세력을 형성하였다." 모든 성도는 그리스도의 주재권을 인정하며 자신의 삶을 주께 드리는 참 제자가 되기를 갈망해야 합니다. 명목상의 그리스도인이 아니라 주를 위해 자신의 삶을 내놓을 수 있는 진정한 참 제자로서의 삶을 살아야 합니다. 참 제자가 되면 사람들과 사랑의 관계를 형성하며 세상을 향해 그리스도의 영향력을 끼치는 사람이 될 것입니다. 그런 성도들이 있는 교회는 건강한 교회로 부흥하게 될 것입니다. 그러므로 성도에게 그리스도의 주재권을 바르게 가르치는 것은 양육 훈련의 첫 번째 목표입니다.

변화의 삶 시작하기 - 사역자

모든 성도를 사역자로 세우는 양육 훈련의 두 번째 목표는 모든 성도를 주님의 사역자로 변화시키는 것입니다. 베드로전서 2장 9절은 이렇게 말합니다. "그러나 너희는 택하신 족속이요 왕 같은 제사장들이요 거룩한 나라요 그의 소유가 된 백성이니 이는 너희를 어두운 데서 불러 내어 그의 기이한 빛에 들어가게 하신 이의 아름다운 덕을 선포하게 하려 하심이라." 하나님께서는 몇몇 지도자만 사역에 참여하도록 계획하지 않으셨습니다. 하나님은 모든 성도를 하나님을 섬기는 사역자로 택하셨고 만인 제사장으로 부르셨습니다엡 4:11-12, 15-16. 십자가는 모든 성도가 하나님을 섬기는 왕 같은 제사장이자 사역자라고 선포합니다. 하나님께서 우리를 하나님의 백성으로 선택하신 것은 단지 우리를 죄에서 구원하기 위함이 아닙니다. 하나님 나라의 자녀로서, 하나님께 속한 백성으로서, 그리고 하나님 나라의 사역자로 부르셔서 예수님처럼 하나님 나라를 위한 일꾼으로 일생을 살게 하기 위함입니다. 하나님의 아름다운 은혜와 덕을 선전하는 사역자로 부르신 것입니다. 베드로전서 2장 9절에서 언급하고 있는 네 가지의 놀랍고도 복된 신분상의 변화는 이것을 강조합니다.

우리는 초대교회 시대와 초기 기독교 시대에콘스탄틴 이전까지 모든 성도가 그리스도인 본연의 임무를 수행하며 산 결과를 알고 있습니다. 예루살렘 교회가 핍박을 받을 때 흩어진 사람들이 복음의 말씀을 두루 전파한 사건이나행 8:1-4, 사도들에 국한되지 않고 스데반, 빌립 등과 같은 사람들이 이방인에게 복음을 전파하는 과정에서 중요한 역할을 감당한 일들은 이 사실을 뒷받침하고 있습니다. 뿐만 아니라 예수님의 부활, 승천으로부터 불과 270여년 밖에 안 되는 짧은 시기에, 그것도 10명의 황제가 로마의 방대한 조직력을 동원하여 혹심한

박해를 가한 시기에 그리스도인들이 로마 전역을 복음으로 변화시키는 엄청난 일을 해낼 수 있었다는 것은 실로 놀라운 일입니다. 이러한 일이 가능했던 것은 자신의 생명을 아끼지 않고 강한 사랑의 결집력으로 하나님의 사역자라는 신분에 걸맞게 사역한 성도들 때문입니다.

우리는 역사 속에서 하나님의 교회와 복음을 위해 신선한 개혁 또는 영적 운동을 일으킨 사람들의 동기를 살펴볼 때 한 가지 공통점을 발견하게 됩니다. 바로 그리스도인이 그리스도인답게 살고, 교회를 교회답게 만들려는 시도입니다. 성직자와 평신도를 구분하는 것은 하나님의 뜻을 깨닫지 못하는 어리석은 일입니다. 모든 성도는 하나님을 섬기기 위해 부름받은 하나님의 사역자입니다. 모든 성도는 하나님이 자신에게 주신 시간과 물질과 재능과 은사와 열정을 사용해 하나님 나라를 확장하는 사역자로 살아야 합니다. 모든 성도가 사역자라는 사실을 말씀으로 요약하면 다음과 같습니다.

(1) 모든 성도는 하나님을 섬기도록 창조되었다엡 2:10. (2) 모든 성도는 하나님을 섬기기 위하여 구원을 받았다딤후 1:9. (3) 모든 성도는 하나님을 섬기는 일로 부르심 받았다벧전 2:9-10. (4) 모든 성도는 하나님을 섬길 수 있는 은사를 받았다벧전 4:10. (5) 모든 성도는 하나님을 섬길 수 있는 영적 권위를 받았다마 28:18-20. (6) 모든 성도는 하나님을 섬기도록 명령 받았다마 20:26-28. (7) 모든 성도는 하나님을 잘 섬길 수 있도록 준비되어야 한다엡 4:11-12. (8) 모든 성도는 하나님을 섬기는 일에 필요한 존재다고전 12:27. (9) 모든 성도는 하나님을 섬긴 사명의 열매로 보상 받는다골 3:23-24.

변화의 삶 시작하기 - 선한 청지기

모든 성도를 사역자로 세우는 세 번째 목표는 청지기입니다. 베드로전서 4장 10절에 보면 "각각 은사를 받은 대로 하나님의 여러 가지 은혜를 맡은 선한 청지기 같이 서로 봉사하라."고 말합니다. 이 세상에 있는 모든 것은 다 하나님의 것입니다. 욥기 41장 11절에 보면 하나님은 "누가 먼저 내게 주고 나로 하여금 갚게 하겠느냐 온 천하에 있는 것이 다 내 것이니라."고 말씀하고 있습니다. 성도들은 단지 하나님의 것을 맡아 관리하는 청지기일 뿐입니다마 18:23. 초대교회에서 그리스도를 좇는다는 것은 영적으로 거듭나는 것 이상의 삶을 의미하였습니다. 그것은 물질을 포함한 삶의 영역에 영향을 미쳤습니다. 초대교회 성도들은 자신의 "재산과 소유를 팔아 각 사람의 필요를 따라 나눠 주며행 2:45." 교회와 다른 지체를 위해 물질을 사용했습니다. 자신이 가진 모든 것은 다 하나님의 것이라는 청지기적인 가치관을 소유했기 때문입니다. 오늘날 많은 교회가 물질만능주의와 이기주의에 빠져 진정한 공동체의 모습을 상실해 가고 있습니다. 건강한 교회로 부흥하려면 진정한 사랑의 공동체를 이룰 수 있는 청지기 정신을 강조해야 합니다. 저는 성도들에게 이렇게 강조합니다. "돈 벌어서 남 줍시다. 공부해서 남 줍시다. 하나님이 우리와 함께하시는 것처럼 우리도 이웃과 함께해야 합니다. 하나님은 우리를 형통하게 하시므로 우리는 이러한 하나님의 복을 세상 사람들에게 유통하는 거룩한 유통업자가 되어야 합니다." 이것이 청지기 정신입니다. 건강한 교회는 청지기적인 삶을 사는 사람을 세우는 교회입니다. 예수님께서는 이렇게 말씀하십니다. "주께서 이르시되 지혜 있고 진실한 청지기가 되어 주인에게 그 집 종들을 맡아 때를 따라 양식을 나누어 줄 자가 누구냐눅 12:42."

변화의 삶 시작하기 - 가르치는 자

모든 성도를 사역자로 세우는 네 번째 목표는 가르치는 자로 세우는 것입니다. 마태복음 28장 19-20절에 보면 "그러므로 너희는 가서 모든 민족을 제자로 삼아 아버지와 아들과 성령의 이름으로 침례세례를 베풀고 내가 너희에게 분부한 모든 것을 가르쳐 지키게 하라 볼지어다 내가 세상 끝날까지 너희와 항상 함께 있으리라 하시니라."고 강조합니다. 초대교회 성도들은 이렇게 행하였습니다. "그들이 날마다 성전에 있든지 집에 있든지 예수는 그리스도라고 가르치기와 전도하기를 그치지 아니하니라행 5:42." 바울 사도는 디모데전서 4장 11절에서 "너는 이것들을 명하고 가르치라."고 했으며, 디모데전서 4장 13절에서는 "내가 이를 때까지 읽는 것과 권하는 것과 가르치는 것에 전념하라."고 권면했습니다. 고린도전서 14장 19절에 보면 "교회에서 네가 남을 가르치기 위하여 깨달은 마음으로 다섯 마디 말을 하는 것이 일만 마디 방언으로 말하는 것보다 나으니라."고 말씀하고 있습니다.

목사는 리더입니다. 리더는 기능공처럼 홀로 일하는 사람이 아니라, 다른 사람이 일할 수 있도록 세우는 사람입니다. 건강한 교회로 부흥하려면 성도들이 서로 가르치고 배우면서 성장할 수 있도록 훈련해야 합니다고전 2:16. 오늘날 작은 교회 운동을 주장하는 사람들이 많아지고 있습니다. 그러나 목사의 은사에 따라 혼자 책임지며 가르치는 작은 교회를 목회하는 목회자도 있어야 되고, 다른 사람을 키우고 위임하여 더 많은 사람을 돌보고 가르치는 목회자도 있어야 합니다. 하나님은 큰 교회와 작은 교회로 나누는 것이 아니라, 건강한 교회와 병든 교회로 나누십니다. 큰 교회 목사와 작은 교회 목사로 구분하는 것이 아니라, 참 목자와 삯꾼 목자로 나누십니다. 하나님의 관심은 더 많은 사람이 하나님을 알아가고 하나님 나라 백성이 되는 것에 있습니다딤전 2:4. 모든 교회는 교회의 크기와 관계없이 건강한 교회로 부흥해야 합니다. 더 많은 사람에게 복음을 증거하고 더 많은 사람이 예수님의 제자로, 사역자로, 청지기로, 가르치는 자로 살아가도록 가르쳐야 합니다.

성숙을 향해 나아가기

모든 성도를 사역자로 변화시키는 양육 훈련의 다음 단계는 성숙을 향해 나아가도록 만드는 것입니다. 건강하다는 것은 계속해서 성장하고 성숙해 가는 것을 의미합니다. 예수님은 "하늘에 계신 너희 아버지의 온전하심과 같이 너희도 온전하라마 5:48."고 명령하고 계십니다. 성도들은 성숙을 향해 나아가야 합니다히 6:1. 히브리서 5장 12절에 보면 "때가 오래 되었으므로 너희가 마땅히 선생이 되었을 터인데 너희가 다시 하나님의 말씀의 초보에 대하여 누구에게서 가르침을 받아야 할 처지이니 단단한 음식은 못 먹고 젖이나 먹어야 할 자가 되었도다."라고 말씀하십니다. 가르침을 받았으면 가르치는 자로 성장해야 합니다. 도움을 받았으면 도움을 주는 자로 성숙해야 합니다. 때가 되면 다른 사람을 돌보고 책임지는 성숙한 성도가 되어야 합니다. 초대교회는 유형적인 교회를 세우기 전에 봉사와 사도의 직무를 대신할 성숙할 사람을 찾는 일에 더 관심을 두었습니다. 나 자신을 위해 신앙생활을 하는 것도 필요하지만 다른 사람을 책임지며 돌보는 리더로 성숙해가는 것은 더 중요한 하나님의 뜻임을 기억해야 합니다행 1:22-26.

성숙을 향해 나아가기 – 멘토

성도를 성숙한 사람으로 변화시키는 첫 번째 방법은 멘토가 되게 하는 것입니다. 전도서 4장 9-10절에 보면 "두 사람이 한 사람보다 나음은 그들이 수고함으로 좋은 상을 얻을 것임이라 혹시 그들이 넘어지면 하나가 그 동무를 붙들어 일으키려니와 홀로 있어 넘어지고 붙들어 일으킬 자가 없는 자에게는 화가 있으리라."고 말씀하십니다. 어떤 그리스도인도 홀로 존재할 수 없습니다. 서로 돕고 도움을 받아야 합니다. 이것은 멘토링을 통해 이루어집니다. '멘토링'이란 한 사람이 다른 한 사람을 돌보는 것을 의미합니다. 밥 빌Bobb Biehl은 큰 변화를 일으키려면 멘토링 관계를 통하여 그리스도인 지도자들을 양성하라고 말합니다. 많은 사람의 변화는 한 사람으로부터 시작되며 큰 변화는 작은 변화로부터 출발하기 때문입니다. 멘토는 다른 사람을 성숙시키고 또 계속 성숙해가도록 도와주며, 그가 삶의 목표를 발견하도록 도와주는 사람입니다. 멘토는 멘티의 성장과 장래에 영향을 끼치며 자신이 가진 것을 나누는 사람이며, 성도들이 회심한 뒤에 예수 그리스도의 장성한 분량에 이르기까지 자라도록 돕는 사람입니다엡 4:15. 성경에도 바울과 디모데, 바나바와 마가, 엘리야와 엘리사, 모세와 여호수아 같은 모델을 발견할 수 있습니다. 오늘날 성도들은 이 기적으로 변해가고 있습니다. 사람들이 큰 교회를 선호하는 이유도 교회를 섬겨야 한다는 부담 없이 편하게 신앙생활을 하기 위함입니다. 교회는 공동체입니다. 성숙한 성도는 다른 성도를 이끌어주고 붙들어주는 영적 멘토가 되도록 훈련시켜야 합니다.

성숙을 향해 나아가기 – 목자

두 번째로 성도들을 성숙하게 만드는 방법은 목자로 세우는 것입니다. 요한복음 21장 17절에 보면 예수님은 이렇게 말씀하십니다. "세 번째 이르시되

요한의 아들 시몬아 네가 나를 사랑하느냐 하시니 주께서 세 번째 네가 나를 사랑하느냐 하시므로 베드로가 근심하여 이르되 주님 모든 것을 아시오매 내가 주님을 사랑하는 줄을 주님께서 아시나이다 예수께서 이르시되 내 양을 먹이라." 주님을 사랑하면 주님의 양을 먹여야 합니다. 목자가 되어야 합니다. 예수님이 베드로를 목자로 부르신 것처럼 목회자는 성숙한 성도들이 다른 성도들을 돌보고 책임지는 목자의 삶을 살 수 있도록 세워야 합니다요 21:17. 사람이 성장하면 결혼해서 가정을 꾸리고 자녀를 기르는 것처럼, 성도들도 성숙해서 영적인 가정목장을 꾸리고 영적인 자녀들을 길러내야 합니다.

오늘날 건강한 교회를 이끌어 가는 셀 교회의 정신은 전통적인 교회의 잘못된 모습을 타파하고 일신하여 하나님 안에서의 참된 교제를 재현하려는 시도입니다. 그렇기 때문에 목자는 단지 성경을 가르치는 '선생'teacher이 아니고 '목자'shepherd, 또는 '영적인 부모'spiritual parent로서의 역할을 감당해야 합니다. 목자는 한 목장을 책임지며, 사랑으로 섬기는 사역자입니다. 오늘날 많은 사람이 방법을 찾고, 프로그램 중심으로 일하려 하지만 주님의 목회 방법은 프로그램이 아니라 사람이었습니다. 하나님은 사람을 통해서 일하십니다. 건강한 교회의 부흥은 성도들을 좋은 목자로 세우는 일에 달려 있습니다. 국가에서 다자녀 출산을 격려하기 위해 많은 방법을 동원하는 것처럼 교회도 성도들이 목자가 되어 많은 영적 자녀를 돌보고 양육할 수 있도록 격려해야 합니다.

성숙을 향해 나아가기 - 리더 목자

세 번째는 성도를 리더 목자로 성숙시키는 것입니다. 디모데후서 2장 2절에 보면 "또 네가 많은 증인 앞에서 내게 들은 바를 충성된 사람들에게 부탁하라 그들이 또 다른 사람들을 가르칠 수 있으리라."고 말합니다. 목자도 누군가의 보살핌을 받아야 합니다. 교회가 커지고 목자가 많아지면 목자들을 돌볼 목자들을 세워야 합니다. 우리 교회에서는 이들을 리더 목자라고 말합니다. 예수님은 성숙한 리더의 삶을 사셨습니다. 어떤 환경에서도 하나님의 원리만을 고집하고 사셨으며, 십자가를 지기까지 하나님의 뜻을 따라 철저히 하나님만을 섬기셨습니다. 리더 목자는 날마다 자신을 죽이며 하나님 뜻에 순종하는 삶을 살아야 합니다. 예수님처럼 "양들을 위하여 목숨을 버리는요 10:11." 선한 목자로 사는 것이 인생의 최고 목표가 되도록 성숙시켜야 합니다. 리더는 직위가 아니라 역할입니다. 리더에게 가장 필요한 덕목이 책임이듯이 리더 목자는 한 지역에 속한 영혼들을 책임지는 리더의 역할을 감당해야 합니다. 만일 그 역할을 잘 감당할 수 없다면 리더의 자리에 있으면 안 됩니다. 우리 교회는 리더 목자를 직위로 여기지 않기 때문에 리더 목자로 섬기다가 목자로 돌봄을 받기도 하고, 목자로 섬기다가 리더 목자로 섬기기도 합니다.

성숙을 향해 나아가기 – 지도자의 삶

네 번째는 성도들을 지도자로 성숙시키는 것입니다행 6:3-7. 초대교회 공동체 안에서 헌신된 삶은 선택의 문제가 아니고 성숙의 표준이었습니다. 세상에서 빛과 소금의 영향력을 끼칠 수 있는 사람들을 키워야 합니다마 5:16. 자신의 위치나 역할에 관계없이 하나님이 주신 사명과 은사를 가지고 교회 공동체를 세우는 지도자가 되도록 키우는 것이 건강한 교회 부흥의 핵심 포인트입니다.

16장 THE CHURCH DREAMS AGAIN
건강한 교회의 전도

복음을 마케팅 하라

진 겟츠는 그의 책 『교회성장학』에서 이렇게 지적합니다. "복음적인 교회의 심각한 문제 중 하나는 비록 불변의 복음을 전하지만 그 전도방법이 답답하리만치 구태의연하다는 것이다. 그들은 모든 전도방법을 한 가지로 규정하고 있다." 교회의 정신이 전통이 되고, 교회의 사명이 형식이 되면 교회는 죽어가게 마련입니다. 불행하게도 이러한 현상은 초대교회나 현대 교회에 공통적으로 나타나는 것 같습니다. 건강한 교회로 부흥하려면 복음의 본질이나 진리에 관계없는 형식이나 전통을 고수해서는 안 됩니다. 어떻게 해서든 교회는 지역사회를 복음화하기 위한 독특한 방법을 개발하고 효과적인 전략을 세워야 합니다. 기업이 자신들이 만든 물건을 팔기 위해 최선으로 준비하고 홍보하듯 천하보다 귀한 영혼을 구원하기 위해 교회도 철저하게 준비하여 복음을 전해야 합니다. 교회는 복음증거를 위해 최선을 다하면서 성령님의 역사를 기다려야 합니다.

　효과적인 전도를 위해서는 첫째, 목장을 통한 증거에 집중해야 합니다. 복음증거는 교회 전도 프로그램과 관계 중심 전도라는 두 축으로 이루어집니다. 그러나 어떤 전략이라도 결국은 사람이 사람을 데려오는 것이기 때문에 사실 모든 전도의 기본은 관계입니다. 즉 무조건 교회에 나오라고 강요하기 전에 먼저 좋은 인간관계를 맺어야 합니다. 그리고 친밀한 관계를 바탕으로 사람들을 목장이나 교회로 인도하는 것입니다. 그러므로 전도는 일회성 행사가 되어서는 안 됩니다. 그래서 저도 믿지 않는 사람들과 접촉점을 만들어 전도하기 위해 매주 토요일 새벽에 진행되는 조기 축구회 동아리에 가입했습니다. 지난 3년 동안 그곳에서 사람들을 만나 교제하며 일곱 명 이상을 전도했습니다.

　둘째, 목적 중심의 전도 프로그램을 기획하고 실행하는 것입니다. 신약성경의 원리와 교훈을 중심으로 개 교회의 역량과 특성에 맞춰 창조적이고 현대적인 전도 전략들을 개발해야 합니다. 사실 전도하겠다는 열정과 목적만 확실하다면 전도 콘텐츠는 얼마든지 개발할 수 있습니다. 저는 절기 중심의 목회를 하는 것이 아니라 사명과 목적 중심의 목회를 하고 있습니다. 획일화되고 종교화된 목회 방식으로는 건강한 교회를 세울 수 없습니다. 건강한 교회로 부흥하기 위해서는 절대적인 것과 비절대적인 것을 구분할 줄 아는 열린 사고가 있어야 합니다. 한 사람을 구원할 수 있다면, 어떤 모양으로도 섬길 수 있다는 바울의 고백처럼 복음 전파에 대한 거룩한 열정이 건강한 교회를 만드는 것입니다.

　2004~2014년까지 지난 10년간 꿈의 교회는 복음증거를 위해 매년 중복되지 않는 다양한 프로그램을 진행해 왔습니다. 부활절에는 모든 성도가 예수님

의 탄생부터 승천까지의 테마를 가지고 분장한 뒤 시내를 행진했습니다. 영적 영향력이 시민들에게 미치도록 기획된 프로그램이었습니다. 그 다음 해에는 이미지 전도 프로그램을 기획해서 실행했습니다. 이 프로그램은 꿈의 교회 성도들이 가진 모든 자원을 총동원해 지역사회를 섬기는 행사였습니다. 사진관을 운영하는 성도는 어려운 지역 주민에게 무료 영정사진과 가족사진을 찍어주고, 치과를 운영하는 성도는 가난한 지역 주민에게 무료로 치료를 해주기도 했습니다. 독거노인들에게는 쌀을 나눠주고, 소년소녀가장에게는 장학금을 지급했습니다. 특히 생활이 어려운 시민을 선정해 집을 수리해 주기도 했습니다. 또한 모든 성도가 모여 시내를 관통하는 냇가 주변을 청소하며 클린 캠페인을 벌이기도 했습니다. 꿈의 교회는 지역사회를 섬기는, 지역사회에 꼭 필요한 교회라는 인식을 심어주기 위한 시도였습니다.

그 다음 해는 특정 대상들을 위한 맞춤 전도와 예배를 기획해서 실행했습니다. 386세대 아버지를 대상으로 '아빠 힘내세요'라는 주제를 가지고 '브라보 7080'이라는 맞춤 전도와 예배를 드렸는데 칠전팔기의 복싱 주인공 홍수환 선수를 초청해 자필 사인이 담긴 글러브를 초청된 새가족에게 선물하기도 했습니다. 4050 어머니 세대를 위해서는 '봄날은 온다'라는 주제로 맞춤 전도와 예배를 기획했습니다. 건강한 교회 부흥을 위해서는 성도들에게 전도가 행사가 아니라 삶이 되어야 합니다. 전도는 어떠한 상황에서도 절대 포기할 수 없는 교회의 본질적인 사명이기 때문입니다.

나를 먼저 설득하라

이러한 목적 중심의 전도가 성공하려면 다음의 원리들을 기억해야 합니다.

⑴ 목적이 분명해야 합니다. 행사를 위한 행사가 되어서는 안 됩니다. 내가 설득되지 않으면 다른 사람도 설득되지 않습니다. 프로그램을 기획하기 전에 먼저 왜 이런 행사가 필요한지에 대해 분명한 답을 할 수 있어야 합니다.

⑵ 사전 준비를 철저히 해야 합니다. 교역자는 기획하고, 평신도 리더는 함께하고, 성도들은 참여하도록 만들어야 합니다.

⑶ 지혜롭게 투자해야 합니다. 어설픈 물량 공세는 역효과를 냅니다. 전도를 위해서만 교회 예산을 사용할 수는 없는 일입니다. 꼭 필요한 것을 선택하고 집중해서 투자하는 것이 중요합니다. 헌금을 아끼는 것도 지혜입니다.

⑷ 비신자 중심의 행사로 진행해야 합니다. 결단을 위해서는 먼저 감동이 필요합니다. 비신자가 교회에 대해 좋은 감정을 느끼고 다시 올 수 있도록 만들어야 합니다. 꿈의 교회의 전도 슬로건은 '난 네가 좋아하는 일이라면 뭐든지 할 수 있어'입니다. 한 영혼을 구원하는 일이라면 하나님 안에서 어떤 일도 할 수 있습니다.

⑸ 사소한 것의 힘을 활용해야 합니다. 사실 사람은 작은 것에 큰 감동을 받습니다. 그러므로 전도를 위한 예배나 행사를 기획할 때는 사소한 부분까지 세심하게 신경 써서 기획해야 합니다.

⑹ 창조적인 아이디어로 승부해야 합니다. 복음증거에 대한 목적과 열정이 분명하면 창조적인 아이디어는 생겨나게 되어 있습니다. 성도들의 식어진 가슴에 열정을 불러일으키고, 비신자들의 마음을 움직일 수 있는 좋은 프로그램은 창조적인 아이디어에서 시작합니다.

방법보다 열정이 중요하다

바울은 고린도전서 9장 19-20절에서 "내가 모든 사람에게서 자유로우나 스스로 모든 사람에게 종이 된 것은 더 많은 사람을 얻고자 함이라 유대인들에게 내가 유대인과 같이 된 것은 유대인들을 얻고자 함이요 율법 아래에 있는 자들에게는 내가 율법 아래에 있지 아니하나 율법 아래에 있는 자 같이 된 것은 율법 아래에 있는 자들을 얻고자 함이요."라고 말하고 있습니다. 뱀처럼 지혜롭고 비둘기처럼 순결한 삶이 되어야 합니다. 예수님은 교회에게 '세상을 향해 가라'고 말씀하셨습니다. 교회의 부흥을 기대한다면 복음증거를 위해 다양한 방법으로 사람들에게 다가가야 합니다.

강요하는 전도가 아니라 감동을 주는 전도

가끔 지하철이나 거리에서 '불신지옥 예수천당'을 외치며 복음을 전하는 사람을 보곤 합니다. 저는 믿지 않는 사람들을 향해 목이 쉬도록 외쳐대는 그분들의 열정에 탄복합니다. 하지만 '외침을 듣고 회개하고 복음을 받아들이는 사람이 얼마나 될까?'하는 의문이 듭니다. 솔직히 말해 사람들에게 윽박지르듯이 하는 전도방법은 목사인 저마저 민망하게 만듭니다. 릭 워렌 목사는 달걀 껍질에서 달걀을 꺼내는 두 가지 방법을 이렇게 소개합니다. 하나는 껍질을 깨뜨리는 것이고, 다른 하나는 따뜻하게 품어 부화시키는 것입니다. 첫 번째 방법은 생명을 죽이지만, 두 번째 방법은 생명을 보존합니다. 복음을 전하는 데도 두 가지 방법이 있습니다. 믿지 않는 사람들에게 강요하는 증거방법이 있고, 삶에서 우러나는 깊은 영성으로 감동시키는 방법이 있습니다. 우리는 말씀으로 사람들을 정죄하면서 전도할 수도 있지만 반대로 행동으로 그들의 마음을 감동시켜 복음을 전할 수도 있습니다.

당신이 메시지다

건강한 교회의 전도는 영성을 통한 증거입니다. 사도행전 2장 47절에 보면 부흥하는 초대교회의 모습을 이렇게 묘사합니다. "하나님을 찬미하며 또 온 백성에게 칭송을 받으니 주께서 구원 받는 사람을 날마다 더하게 하시니라." 예수님도 마태복음 5장 16절에서 이렇게 강조합니다. "너희 빛이 사람 앞에 비치게 하여 그들로 너희 착한 행실을 보고 하늘에 계신 너희 아버지께 영광을 돌리게 하라." 예수님도 복음증거의 가장 효과적인 방법이 변화된 성도의 삶이라고 말씀하고 있습니다. 세상 사람들은 성경을 읽는 것이 아니라 성도들의 삶을 읽습니다. 주님은 한 사람의 삶을 변화시킴으로써 또 다른 사람에게 영향력을 끼치게 하십니다. 다시 말하지만 복음증거를 위한 최상의 전략은 성도들의 삶입니다.

인 앤 아웃 교회

건강한 교회의 전도는 전략이 있어야 합니다마 28:19-20, 행 1:8. 교회는 지역사회를 넘어 땅 끝까지 복음을 증거해야 합니다. 안디옥 교회처럼 열방을 향해 나아가야 합니다. 즉 교회는 흩어지기 위해서 모이는 공동체가 되어야 합니다. 미국에 가면 '인 앤 아웃'In and out이라는 유명한 햄버거 체인점이 있습니다. 인 앤 아웃In and out이라는 말은 들어오고 나가는 순환을 의미합니다. 교회 역시 하나님 나라 안으로 들어온 사람이 하나님 나라의 가치를 가지고 세상을 향해 나가는 일을 반복하는 공동체입니다.

교회가 지역사회에서 칭찬받는 교회가 되면 복음의 지경이 급속히 넓어지게 되어 있습니다. 나아가 건강한 교회로 부흥하려면 열방을 품는 사명 역시 감당해야 합니다. 교회가 단지 지역사회 안에 머물러서는 안 됩니다. 모든 교회는 땅 끝까지 나아가야 합니다.

이곳에서 그곳까지

건강한 교회는 지역사회를 품는 다양한 전략을 가지고 증거의 사명을 감당해야 합니다. 지역사회로 들어가서 하나님의 통치를 증거하고, 다른 사람들이 믿음의 공동체 안으로 들어오도록 초대해야 합니다. 세상에서 자신이 아닌 다른 사람들의 유익을 위해 존재하는 유일한 공동체가 교회이기 때문입니다. 그러나 교회는 지역사회 안에만 머물러서는 안 됩니다. 모든 교회는 땅 끝까지 나아가야 합니다. 지역에 있지만 열방을 품고, 열방을 품지만 지역에 영향력을 끼치는 교회가 되어야 합니다. 지금 꿈의 교회는 중국을 품고 홍콩에 신학교를 설립해 중국의 지도자들을 홍콩으로 불러들여 교육하고 있습니다. 2013년도에는 월드비전을 통해 아프리카 잠비아에 꿈의 중학교를 설립하고 '한 지역을 책임지는 교회가 되자'는 캠페인을 벌였습니다. 한 교회가 모든 민족을 구원할 수는 없습니다. 그러나 가능하다면 한 민족을 입양하고 한 지역이라도 책임지는 교회가 되어야 합니다.

전도는 전쟁이다

에베소서 6장 12절에 보면 "우리의 씨름은 혈과 육을 상대하는 것이 아니요 통치자들과 권세들과 이 어둠의 세상 주관자들과 하늘에 있는 악의 영들을 상대함이라."고 말합니다. 전도는 단순히 비신자를 교회에 데려와서 등록시키는 것이 아닙니다. 전도는 보이지 않는 영적 세력들과의 능력 대결입니다. 교회가 아무리 창조적인 전략을 가지고 있더라도 성령님이 역사하지 않으시면 한 사람도 회심할 수 없습니다.

교회는 다니는 것이 아니라 소속되는 것이다

전도의 마지막 단계는 데려온 새가족을 교회에 정착시키는 일입니다. 진정한 의미의 새가족 정착은 등록Membership이 아니라 통합integration이나 결합Bonding입니다. 성도는 교회에 다니는 사람이 아니라, 교회에 소속된 사람입니다. 새신자가 교회에 등록을 했다고 한 가족이 되는 것은 아닙니다. 가족이라면 적어도 교회의 비전과 사명을 이해하고 동참할 수 있어야 합니다.

정말로 믿는다면 말할 수밖에 없다

결론적으로 건강한 교회 부흥을 위해서는 계속해서 복음전파가 강조되어야 합니다. 더불어 적절한 전략과 전도 방법을 가지고 있어야 합니다. 이를 위해 문화와 지역사회를 위한 투자도 있어야 합니다. 즉 과감한 구제와 나눔으로 복음전파가 힘있게 이루어져야 합니다. C. S. 루이스의 말처럼 교회의 유일한 존재 이유는 사람들을 그리스도께로 인도하고 그들을 작은 예수로 만드는 것입니다. 교회가 이 일을 하지 않는다면 교회의 모든 사역은 시간 낭비에 불과할 뿐입니다. 우리가 정말로 예수님을 믿는다면 복음에 대해 이야기하지 않을 수 없습니다. 꿈의 교회는 안수집사를 세울 때 그 해에 최소 한 명 이상은 전도해야 안수를 받을 수 있습니다. 생명을 사랑하지 않는 사람이 교회의 리더가 되어서는 안 됩니다. 교회는 생명 공동체이기 때문입니다.

17장 THE CHURCH DREAMS AGAIN
건강한 교회의 예배

예배는 종교 의식이 아니라 가슴 뛰는 생명의 관계다

예배는 매주 습관적으로 반복하는 종교 의식이 아니라 성령의 임재를 통해 살아계신 하나님을 만나는 감동의 시간입니다롬 12:1-2. 그렇기 때문에 건강한 교회의 예배는 모든 사람이 하나님을 진실하게 경험할 수 있도록 만들어야 합니다. 건강한 교회 부흥은 예배에서부터 시작되며 예배가 새롭게 되어야 교회에 생명의 기운이 돌게 됩니다.

대부분 건강한 교회의 예배는 경배와 찬양이 살아있고 선포되는 말씀에 생명력이 있습니다. 또한 자발적인 헌신과 변화에 대한 결단이 있습니다. 예배는 영이신 하나님과의 만남이며, 육을 입은 그리스도인이 영이신 하나님 안으로 들어가는 영적 사건이기 때문입니다. 건강한 교회의 예배는 죽은 자의 장례식처럼 엄숙하게 진행되지 않습니다. 오히려 축제처럼 즐겁습니다. 예배는 살아계신 하나님을 만나는 것이기 때문입니다. 하비 콕스는 이렇게 단언합니다. "개신교가 축제성을 상실한 다음부터 하나님이 죽었다는 신학이 나왔다." 그러므로 예배는 영적 축제의 현장이 되어야 하며, 성도들은 예배를 통해 미래를 보고 희망을 발견할 수 있어야 합니다. 예배를 통해 비전과 열정을 회복하고 사명의식이 고취되어야 하는 것입니다.

영감 넘치는 감동의 예배를 기획하라

살아있는 예배가 되기 위해서는 무엇보다 영감 있는 예배가 되도록 기획해야 합니다삼상 7:5-6. 하나님도 예배를 기획하시고 설계하셨습니다. 구약에 보면 모든 제사의 행위에 각각의 의미와 목적을 담아 신령과 진정으로 드리도록 지시하셨습니다. 예배의 주인공은 창조주 하나님이십니다. 그러므로 하나님이 기뻐하시는 예배가 될 수 있도록 영감 있는 예배를 설계하고 기획해야 합니다. 하나님께는 영광이 되고 사람들에게는 감격이 되게 만들어야 하는 것입니다. 영감 있는 예배는 하나님 중심적인 예배입니다. 요한복음 4장 24절에 보면 "하나님은 영이시니 예배하는 자가 영과 진리로 예배할지니라."고 말씀하십니다. 예배는 영적인 고백이자 행동입니다. 나합과 아비후는 하나님이 명하시지 않은 다른 불을 드리다가 죽었습니다레 10:1-2. 사울이 버림받은 결정적인 이유삼상 15:22도 예배의 중요성을 간과했기 때문입니다. 따라서 예배는 오직 하나님만 기뻐하시도록 하나님 중심으로 기획되어야 합니다. 또한 영감 있는 예배는 사람 지향적인 예배입니다. 부모는 자녀가 기쁠 때 가장 기쁘고, 자녀가 아플 때 함께 아픈 법입니다. 하나님도 사람이 예배에 감격하는 모습을 보시며 기뻐하십니다. 최상의 하나님께 최고의 예배를 최선으로 준비해 드려야 합니다.

스케일과 디테일로 준비되는 예배

건강한 교회의 예배는 철저히 준비된 예배입니다민 3:4, 창 15:10. 저는 교역자들에게 스케일과 디테일을 강조합니다. 스케일은 크게 생각하는 것으로 숲을 보는 것입니다. 스케일이 중요한 이유는 하나님 편에서 해석하고, 교회 편에서 바라보고, 담임목사 입장에서 생각하도록 방향을 잡아주기 때문입니다. 반면 디테일은 나무를 보는 것입니다. 우주로 발사된 챌린저호가 출발한 지 몇 분 만에 폭발한 이유는 작은 나사못 하나로 인한 것이라는 기사를 본 적이 있습니다. 하나님은 작은 일에 충성한 자에게 큰일을 맡기십니다. 성공적인 예배는 그리스도인으로서 작은 일에 충성하는 것입니다. 그래서 꿈의 교회는 예배를 드릴 때 예배 큐시트예배 진행 순서표를 만들어 진행합니다. 누가, 언제, 어떻게, 무슨 일과 역할을 해야 하는지를 정확히 하는 것입니다. 뿐만 아니라 예배 체크리스트를 만들어 예배에 소홀함이 없도록 준비하고 있습니다. 벤자민 프랭클린의 말처럼 준비하는 것을 실패하는 사람은 실패할 준비를 하고 있는 것입니다. 성공적인 예배는 예배가 드려지기 전에 이미 결정되는 것입니다.

예배에도 색깔이 있다

건강한 교회는 예배의 다양성을 인정합니다. 하나님은 창조적인 분이시지 획일적인 분이 아닙니다. 모든 사람이 동일한 형식과 내용으로 예배를 드려야 한다는 말씀은 어디에도 없습니다. 성경에 묵도로 시작해서 축도로 끝내라는 규정이 적혀 있지 않습니다. 그러므로 건강한 교회를 위해서는 예배의 다양성을 인정하고 예배를 특성화시켜야 합니다. 구약성경에 보면 하나님은 각 절기와 제사마다 다양한 방법으로 제사를 드리도록 명령하셨습니다. 또한 부자는 양으로 제사를 드리게 하셨고, 가난한 사람은 비둘기를 드리도록 하셨습니다. 다양한 제물과 방법으로 예배를 드리게 하신 것입니다. 따라서 절대적인 예배 방법과 수준은 없습니다. 교회는 각자의 문화와 생활수준에 맞춰 예배를 기획하고 실행해야 합니다. 가장 좋은 예배는 성도들이 말씀으로 도전받고 성령으로 변화되도록 만드는 예배입니다. 저는 주일 예배를 통해 성도들이 비전과 사명을 발견하고, 하나님 안에서 위로와 격려를 받도록 기획합니다. 그리고 주일 오후 예배에서는 영적 각성과 헌신, 결단을 강조합니다. 또 수요 예배 때는 삶의 변화와 태도를 강조하고, 금요성령집회에서는 강청하는 기도와 성령의 임재와 충만을 추구합니다. 마지막으로 새벽 예배에는 『생명의 삶』을 가지고, 말씀과 묵상을 통한 하나님과 동행하는 삶과 영성을 강조합니다. 각 예배가 하나님을 경험하는 예배가 되게 하기 위한 노력입니다.

예배는 변화하는 삶이다

건강한 교회의 예배는 계속해서 갱신되어야 합니다. 사람들의 생각과 환경이 계속 바뀌고, 과학 문명과 세상의 문화도 변하고 있습니다. 따라서 사람들의 의식세계와 영적 흐름도 바뀌고 있습니다. 과거의 예배형식이 오늘날까지 지속되는 것은 예배의 역동성을 잃어버리게 만듭니다. 예배의 목적과 내용은 고정시키고, 예배의 형식과 분위기는 과감하게 변화시켜야 합니다. 예배의 생명력은 예배의 형식과 전통에서 나오는 것이 아니기 때문입니다. 예배는 살아계신 하나님을 만나는 영적 체험이지 묵도로 시작해서 축도로 끝나는 요식 행위가 아닙니다. 예배의 역동성을 회복하기 위해서는 성도들이 다음 예배를 기대하게 만들어야 합니다.

꿈의 교회에서는 예배가 지루한 형식의 반복이 아니라 새로운 시도의 연속입니다. 예를 들어 인물들을 소개하는 설교에서는 해당 인물들을 소개하는 커다란 성화를 보여주며 설교합니다. 성막을 주제로 설교할 때는 성소의 모형을 만들고, 구약시대 대제사장의 에봇을 입고 설교를 합니다. 성도들이 함께 느끼고 경험하는 예배가 되게 하기 위해서입니다. 그러나 예배의 갱신과 회복은 사람의 노력으로 되는 것이 아닙니다. 믿음과 성령의 역사가 있어야 합니다. 고가의 영상장비가 아니라 영과 진리로 드려지는 예배가 되어야 하는 것입니다. 이성희 목사의 말처럼 조용한 것이 반드시 경건한 것은 아니며 시끄러운 것이 반드시 경건하지 않은 것은 아니기 때문입니다. 한편 모든 예배는 영이신 하나님께 드리는 예배이므로 어떤 찬송이든 하나님께 영광 돌리는 내용이어야 하며, 어떤 설교 형식이든 하나님께서 말씀하시는 시간이 되도록 해야 합니다. 진정한 예배 갱신은 형식을 바꾸는 것이 아니라 생각을 바꾸는 것입니다. 예배에 대한 목사의 생각과 성도들의 생각이 바뀔 때 진정한 예배 갱신이 이루어질 것입니다.

예배의 영적 에너지-찬양

건강한 교회의 예배에는 찬양의 능력이 있습니다. 성경은 하나님은 찬양 중에 거하신다고 말합니다. 찬양의 능력을 회복하면 예배의 생명력도 되살아납니다. 찬양이 사람을 변화시킵니다. 찬양의 중요성은 성경에도 잘 나와 있는데, 성경에 보면 구약 시대부터 성가대가 존재하고 있었습니다. 역대하 20장 20-24절에 보면 찬양의 능력이 이스라엘 백성을 전쟁에서 승리로 이끌었습니다. 따라서 예배의 역동성을 강화하려면 경배와 찬양이 살아나야 합니다. 듣는 찬양(성가대)에만 머무르지 말고 함께 찬양하는 시간을 늘려야 합니다. 경배와 찬양이 살아나면 예배의 영적 에너지가 충만해집니다.

교회를 변화시키고 싶다면 강단을 변화시켜라

목사에게 가장 큰 고민이 있다면 설교입니다. 모든 목사는 설교에 대한 부담감이 있습니다. 좋은 설교는 예배와 함께 가는 설교입니다. 즉 설교의 주제에 맞춰서 전체 예배가 진행되어야 합니다. 설교의 내용이 성도에게 감동이 되고 명확하게 전달되도록 예배가 기획되어야 하는 것입니다. 그러므로 예배에 포함되는 경배와 찬양, 예배 순서 하나하나가 설교를 중심으로 모두 연결되어야 합니다. 설교자와 예배를 돕는 사람들과 성도가 성령 안에서 하나가 될 때 예배의 감동과 역사가 일어나게 됩니다. 하지만 누가 뭐래도 예배의 핵심은 설교입니다. 무디 목사는 '교회를 변화시키고 싶다면 강단을 변화시켜라'라고 말했습니다. 강단이 변해야 예배 갱신이 이루어집니다. 설교가 새로워져야 예배의 생명력이 되살아납니다. 저는 설교를 '성도에게 말씀을 의식화시켜 말씀으로 살도록 생활화하는 것'이라고 생각합니다. 목사가 얼마나 훌륭한 설교를 했느냐보다 성도들이 무엇을 느꼈느냐가 더 중요합니다. 좋은 설교란 성도들이 하나님의 뜻을 깨닫고 실천하도록 만드는 설교입니다. 아무리 풍부한 지식으로 본문을 설명해도, 선포되는 말씀이 성도의 삶에서 실재가 되지 않는다면 그 설교는 허공을 치는 설교에 불과합니다.

그러므로 설교자는 설교를 준비하면서 두 가지 질문을 던져보아야 합니다. '선택한 성경 본문에서 말씀하고 있는 하나님의 뜻과 의도가 무엇인가?' 말씀의 의식화 그리고 '어떻게 하면 깨달은 말씀을 성도의 삶에 적용하게 만들 것인가?' 말씀의 생활화 이 두 가지 질문에 분명하게 답할 수 있어야 좋은 설교입니다. 건강한 교회의 핵심은 성도의 삶을 변화시키려는 목회자의 열정적인 설교와 최선을 다하는 예배입니다. 목사의 비전과 열정이 설교를 통해 성도에게 강력하게 전달되어야 합니다.

18장 THE CHURCH DREAMS AGAIN
건강한 교회의 설교

설교하지 말고 설교를 하라

많은 사람이 설교는 고리타분하고 지루하다는 편견을 갖고 있습니다. 그래서 남이 듣기 싫은 말을 길게 늘어놓으면 '설교하지 마라'고 말합니다. 그러나 설교는 하나님의 말씀입니다. 건강한 교회 부흥의 핵심은 성도들의 삶을 변화시키는 설교에 있습니다. 설교를 많이 하는 것이 중요한 것이 아닙니다. 어떤 설교를 했느냐와 성도들이 듣고 어떤 감동과 영향력을 받았느냐가 훨씬 더 중요합니다. 한번은 주일 낮 예배 설교를 20초 만에 끝낸 적이 있습니다. 그때 설교 제목은 '믿음이란 무엇인가?'였습니다. 저는 강단에 올라가서 성도들에게 "믿음이란 무엇입니까?"라고 질문하고는 "믿음은 나의 경험과 전통과 지식을 모두 내려놓고 하나님께 전적으로 맡기는 것입니다."라고 선포하고 설교를 끝냈습니다. 사실 이러한 설교에 대한 아이디어는 함께 교제하는 목사님으로부터 받은 것입니다. 그러나 저는 이 설교를 하기 위해 오랫동안 기도로 준비했습니다. 그리고 단 한 문장으로 설교를 끝냈지만 성도들은 큰 은혜를 받았습니다. 예수님은 사람들에게 중언부언하지 말고, 하나님의 뜻대로 기도하라고 가르쳐 주셨습니다. 설교도 마찬가지입니다. 목사가 얼마나 많은 말을 하고, 얼마나 멋진 설교를 했느냐가 중요한 것이 아닙니다. 성도들이 설교를 듣고, 어떤 결단을 내리고, 삶에 어떤 변화가 나타나느냐가 더 중요합니다.

설교는 말이 아니라 삶이다

성도를 변화시키는 설교를 하려면 목회자의 삶이 전하는 설교와 일치해야 합니다. 외치는 설교와 살아가는 설교가 하나 되지 않을 때 설교는 허공을 치는 것과 같습니다. 좋은 설교를 하기 위해서는 먼저 설교자의 삶이 성도들에게 신뢰를 받아야 합니다. 앎과 삶이 일치하고 말과 행동이 일치하는 설교가 성도들의 삶을 변화시킵니다. 성도들은 목사의 앞모습을 보는 것이 아니라 뒷모습을 봅니다. 그렇기 때문에 똑같은 원고, 똑같은 열정을 가지고 설교를 해도 그 능력이 다른 것입니다. 물론 앎과 삶이 일치되는 설교자가 되는 길은 쉽지 않습니다. 이를 위해서는 사도 바울처럼 자기 자신을 이기는 치열한 영적 싸움을 해야 합니다. 그러므로 설교의 성공 여부는 설교하는 순간에 결정되는 것이 아니라 목회자의 전인격을 통해 결정됩니다. 한 주간 동안 목회자와 하나님과의 영적 관계가 어떠했느냐에 따라 달라지는 것입니다. 그래서 설교자는 설교하는 순간보다 설교를 준비하는 삶에 더 많은 관심을 기울여야 합니다. 빌리 그레이엄 목사는 "만일 인생을 다시 살게 된다면 무엇을 바꾸고 싶습니까?"라는 질문에 이렇게 대답했습니다. "나는 리더십과 설교를 위해 나 자신을 준비하는 일에 두 배의 시간을 들이고, 실제로 리더십을 수행하고 설교하는 일에는 그 절반의 시간만 들이고 싶습니다." 목회자는 좋은 설교를 준비하는 데 많은 시간을 할애할 것이 아니라 좋은 설교자가 되는 데 더 많은 시간을 투자해야 합니다.

주제별 본문 이야기 설교

저는 '주제별 본문 이야기 설교'를 하고 있습니다. 주제별 본문 이야기 설교란 본문을 묵상하여 한 가지 주제를 선정하고 그 주제를 성도들이 이해할 수 있도록 단순한 원리로 만드는 것입니다. 그리고 성도들이 공감할 수 있는 이야기로 메시지를 전달합니다. 한편 설교에 대한 저의 철학은 성도들의 삶을 변화시키는 설교를 위해서라면 내가 할 수 있는 최선을 다하자는 것입니다(제가 생각하는 최선이란, 내가 한 일에 대해 나 스스로가 생각해도 감동이 되는 것을 의미합니다). 예수님도 설교를 하실 때 시청각 자료들을 사용하셨습니다. 들의 꽃, 하늘을 나는 새, 심지어 침을 뱉은 진흙을 사용하기도 하셨습니다. 때로는 채찍을 들고 사람들을 내쫓는 퍼포먼스를 행하기도 하셨습니다. 좋은 설교는 말로만 하는 설교가 아니라 청중의 변화를 위해 가능한 모든 것을 활용하는 설교입니다. 설교의 궁극적인 목적은 성도들에게 삶의 변화와 영적인 변화가 일어나는 것이기 때문입니다. 그러므로 청중이 설교자의 의도를 제대로 파악하여 삶에 적용할 수 있도록 설교해야 합니다.

성도의 삶을 변화시키는 설교를 하려면 한 가지 주제에 집중해야 합니다. 설교자의 열심보다 중요한 것은 성도들이 설교의 핵심이 무엇인지를 깨닫는 것입니다. 단지 듣기에 좋은 설교가 아니라, 성도들이 기억하고 삶에 적용할 수 있는 설교여야 합니다. 또한 설교의 내용은 본문에서 시작되어야 합니다.

주제별 설교의 위험성은 설교를 설교자가 하고 싶은 말을 전달하는 수단으로 전락할 수 있다는 것입니다. 즉 설교자가 자신의 주장을 뒷받침하기 위해 성경구절을 사용하는 오류를 범하는 것입니다. 그러나 이러한 설교는 설교자의 말이지 하나님의 말씀이 될 수 없습니다. 그러므로 좋은 설교는 본문 속에서 하나님의 교훈을 찾고 하나님의 의도를 깨달아 성도에게 정확히 전달하는 것입니다. 그래서 저는 주제별 본문 이야기 설교를 추구합니다.

설교는 종합예술이다

나아가 성도들을 변화시키는 설교는 단지 듣는 설교에 그치는 것이 아니라 성도들이 느끼는 설교가 되게 하는 것입니다. 저는 설교를 할 때 설교의 도입 부분에 드라마, 영상, 간증, 그림, 심지어 토크쇼까지 활용해 '주제제기'를 합니다. 이러한 '주제제기'는 성도들이 설교에 몰입할 수 있도록 도와줍니다. 때로는 설교를 전달하는 방식에 있어서 혁신적인 방법을 사용하기도 합니다. '어떻게 의미 있는 삶을 살 수 있는가?'라는 설교를 준비하면서 어떻게 하면 메시지를 효과적으로 전달할 수 있을지를 묵상하던 중 아이디어 하나가 떠올랐습니다. 저는 영상팀과 함께 천안 공원묘지에 가서 각각의 묘비명을 촬영했습니다. 그리고는 한 묘 앞에 서서 설교를 했습니다. "여러분, 우리도 언젠가는 이렇게 가야 하는 존재입니다." 그렇게 묘지에서 10분 분량의 설교를 녹화했습니다. 그 주 설교 시간에 묘지에서 촬영한 설교를 보여주고 나머지 20분은 직접 설교를 했습니다. 이 설교는 인생의 의미에 대해 강력한 도전을 던져주었습니다. 검은 가운을 입고 원고를 읽는 것만 설교가 아닙니다. 좋은 설교는 어떻게든 성도들의 공감을 얻어 그들의 삶을 변화시키는 설교입니다.

몇 년 전 8·15 해방일이 있는 주일에 하얀 한복 두루마기를 입고 등장했습니다. 그때 설교 제목은 '어떻게 하면 참 자유를 누릴 수 있는가?'였습니다. 설교 전 일제강점기 때 고문당하는 사람들의 영상을 만들어 보여주었습니다. 영상이 끝난 후 이렇게 설교를 시작했습니다. "일제로부터 해방된 지 50년이 지났지만 아직도 해방되지 못한 사람들이 있습니다. 죄로부터 해방되지 못했고, 욕심으로부터 해방되지 못했습니다." 저는 아직도 해방되지 못한 우리의 삶을 본문과 연결시키면서 그리스도 안에서 자유하고 해방된 삶을 살려면 어떻게 해야 하는지를 설교했습니다. 이처럼 설교는 듣는 설교에서 그칠 것이 아니라 느끼고 삶을 변화시키는 설교가 되어야 합니다. 그런 의미에서 설교는 방법이 아니라 철학이라고 생각합니다. 풍성하고 다양한 설교는 설교가 무엇인가에 대한 분명한 철학에서 나오기 때문입니다.

설교에 목숨을 건 목사들 이야기

현재 미국에서 주목받고 있는 에드 영 목사는 설교에 독특한 언어 표현과 멀티미디어를 이용한 시각, 청각적 표현을 과감히 사용하고 있습니다. 벤츠 승용차를 강단 위에 올려놓고 뒷 자석에 기대어 앉아, 가장으로서 운전대를 잡고 있는 이들에게 함께 타고 있는 가족들을 안전하게 인도할 방법을 설교한 적도 있습니다. 에드 영 목사는 강조합니다. "나는 창조적인 메시지를 더 잘 전달하기 위해 예배당을 창조적으로 바꾼다." 그는 강단 배경, 예배 순서, 음악 스타일 등 예배 때마다 다양한 변화를 줍니다. 새로운 시리즈 설교를 할 때마다 강단 배경의 크기, 모양, 색의 배합 등을 완전히 다시 꾸밉니다. 살아있는 양을 강단 위로 데려오기도 하고, 강단 위를 차를 몰고 가로지르기도 하며 교회 정문으로 낙타를 타고 가거나 설교 중간에 낚싯대를 보여 주기도 합니다. 이런 장치들이 모두 청중과의 의사소통에 도움을 주기 위해 사용됩니다. 한번은 에드 영 목사가 '구명줄'이라는 제목으로 설교를 했습니다. 그때 그는 어떻게 성도 각자가 믿지 않는 사람의 삶에 유일하고 영원한 구명줄이 되어 줄 수 있는지에 대해 설교했습니다. 그는 설교 시작 전 강단 위에 보트를 가져와 TV드라마 '119 구조대'의 한 장면을 재현하고, '라이프 세이버 사탕'을 낱개로 포장해서 청중이 하나씩 갖도록 했습니다. 성도들이 그리스도가 필요하다고 생각되는 익사 직전의 한 사람을 생각하여 기도하고 그를 교회로 초대하라고 강조하면서 말입니다.

뿐만 아닙니다. 해리테지교회 데니스 목사는 눈으로 보는 설교를 강조합니다. 그는 예수님이 폭풍 가운데 호수 위를 걸어가는 것과 베드로가 물 위를 걷게 되는 장면을 설명하기 위해 돛이 달린 작은 배 하나를 강대상에 올려놓기도 했습니다. 부활절에는 한편에 빈 돌무덤을 만들어 놓기도 했습니다. 미국의 차세대 목회자로 인정받고 있는 앤디 스탠리 목사도 다양한 방법으로 설교를 합니다. 성도들이 하나님의 말씀대로 살도록 만들기 위해서는 보고 느끼는 설교가 되어야 한다고 생각하기 때문입니다.

저도 시리즈 설교를 하면서 성도들이 보고 느끼고 변화받도록 다양한 설교 방법을 사용합니다. 성도들이 당장 눈앞에 이익과 욕심만을 위해 살아간다는 내용을 강조하기 위해 '마시멜로 이야기'라는 책의 내용을 소개하면서 마시멜로(미국 아이들이 가장 좋아하는 과자의 일종)를 성도들에게 나눠주고 먹어보도록 하기도 했습니다. 향유를 예수님의 발에 뿌린 여인의 이야기를 설교하면서는 나드 향유를 본당에 뿌려 놓기도 했습니다. 물론 어떤 분들은 너무 인위적이지 않느냐고 말할지도 모릅니다. 하지만 설교의 목적은 성도들이 하나님의 뜻과 목적대로 살아가도록 만드는 것입니다. 성경을 거스르고 성도들에게 거부감을 주는 것이 아니라면 성도들 삶에 긍정적인 변화를 주는 설교를 위해 좀 더 과감해질 필요가 있습니다.

나쁜 설교, 이상한 설교, 좋은 설교

좋은 설교는 성도들의 삶에 잘 적용되는 설교입니다. 설교는 성도들이 말씀을 통해 성령 안에서 하나님의 뜻대로 자신의 삶을 조정하도록 설득하는 것입니다. 아무리 좋은 설교라도 삶에 적용할 수 없는 설교는 성도들을 외식하게 만드는 설교일 뿐입니다. 설교는 성도들을 하나님의 말씀으로 의식화시켜 삶의 현장 속에서 말씀대로 생활하도록 만드는 것입니다. 몇 년 전 추수감사절에 '어떻게 감사하며 살 수 있을 것인가?'라는 제목으로 설교했습니다. 사무엘상 7장 7-14절을 본문으로 삼았습니다. 첫째, 여기까지 도와주신 하나님을 기억할 때 감사하며 살 수 있다. 둘째, 거기까지 인도하실 하나님을 기대할 때 감사하며 살 수 있다고 강조했습니다. 그리고 설교에 대한 적용으로 감사노트와 감사저금통을 마련해 성도들에게 나눠주면서 다음 해 추수감사절에 그 두 가지를 헌금으로 드리자고 했습니다 성도들이 감사저금통으로 추수감사헌금을 드린 그 다음 해 헌금은 전년도 헌금의 두 배 이상이 되었습니다. 설교자는 성도들이 설교를 자신의 삶에서 적용하도록 만들어야 합니다. 저는 이를 위해 매주 주일 설교를 목장 교재로 만들어 성도들이 메시지를 일주일 동안 자신의 삶에 적용하도록 도전하고 있습니다. 목장에서 목장 교재를 가지고 메시지를 어떻게 자신의 삶에 적용할지를 나눕니다.

몇 년 전 부활절을 전후해 몇 주 동안 이웃사랑대잔치를 할 때였습니다. "평범한 사람들은 이웃을 돕고 섬기는 데 일만 원 내기는 어색하고, 십만 원 내기는 부담스럽습니다. 그러나 우리가 함께 하면 풍성해집니다. 우리 함께 합시다."라고 설교하면서 이에 대한 구체적인 적용으로 성도들에게 사랑의 열매를 달자고 제안했습니다. 성도들이 사랑의 열매를 구입하는 금액은 전액 불우이웃을 위해 쓰겠다고 했습니다. 그리고는 본당 옆에 나무 하나를 세워 놓았습니다. 성도들은 본당 앞에 준비된 사랑의 열매 판매처에서 자기 형편대로 자유롭게 열매를 구입하였습니다. 교회에서는 성도들이 구입한 크고 작은 다양한 사랑의 열매들을 매주 본당 앞에 있는 나무에 매달았습니다. 이를 통해 몇 천 만원의 헌금이 드려졌습니다. 교회에서는 드려진 헌금 전액을 공주시에 있는 어려운 사람들을 위해 사용했습니다. 교회 예산으로 이런 일을 한다면 성도들은 헌신하지 않고 결정만 하려고 했을 것입니다. 하지만 이런 일은 성도들이 직접 참여하고 헌신해야 은혜가 됩니다. 매년 연말이 되면 사회복지회에서 이웃사랑을 위한 성금을 모금합니다. 성금을 기부한 사람은 자랑스럽게 사랑의 열매를 달고 다닙니다. 저는 이것을 보면서 한 영혼을 전도하면 '생명의 열매'를 달아줘야겠다는 생각을 했습니다. 사랑의 열매를 달고 다니는 것보다 영혼을 구원한 생명의 열매를 달고 다니는 것이 훨씬 더 자랑스러운 것이라는 생각이 들었습니다. 그래서 설교 후 적용으로 열 사람을 전도하는 사람에게 충성의 열매를 달아주겠다고 했습니다. 이후 많은 성도들이 생명의 열매를 달게 되었습니다. 좋은 설교는 성도들이 헌신하도록 동기부여 하는 것입니다. 그러나 억지로 하지 않고 기쁨으로 자원해서 하도록 만들어야 합니다. 저도 생명의 열매를 달기 위해 노력해 성도들보다 먼저 달았습니다. 성도들은 목사가 설교하고, 자신이 설교한 대로 살려고 노력하는 모습을 볼 때 감동을 받습니다. 적용이 있는 설교를 하기 위해 목사 자신이 먼저 헌신하는 삶을 살아야 합니다. 자기 자신은 움직이지 않으면서 성도에게만 '돌격 앞으로'를 외치는 설교가 아니라, 자신이 먼저 움직이면서 '나를 따르라'고 보여주는 설교를 해야 합니다. 사도 바울은 빌립보서 3장 17절에서 이렇게 고백합니다. "형제들아 너희는 함께 나를 본받으라 그리고 너희가 우리를 본받은 것처럼 그와 같이 행하는 자들을 눈여겨 보라"

좋은 설교는 목사의 말에 있지 않고 성령님의 능력에 있다

성도의 삶을 변화시키는 설교는 목사의 말이 아니라 성령님의 능력에 달려 있습니다. 성도들의 가치관과 삶을 변화시키려면 성령님이 역사하셔야 합니다. 그러므로 목사는 설교할 때 항상 성령님을 의지하고 성령님이 말씀하시도록 해야 합니다. 또한 자신의 삶이 설교에 적합하도록 준비하며 가꾸고 영적으로 충만하게 해야 합니다. 설교자가 성령으로 충만하지 않으면 아무리 완벽한 설교 원고일지라도 성도들에게 영적 영향력을 끼칠 수 없습니다. 설교 전에는 최선을 다해 설교를 준비하지만 설교할 때는 성령님이 말씀하시도록 온전히 맡겨야 합니다. 성도들을 변화시키는 좋은 설교는 목회자의 준비와 성령의 능력이 만날 때 만들어집니다. 하나님이 우리에게 기회를 주셔도 우리가 준비되어 있지 않으면 성령님이 역사하실 수 없습니다. 설교를 아무리 많이 준비했어도 성령님이 함께하지 않으시면 성도에게 아무런 감동을 주지 못하는 것입니다.

삶을 변화시키는 설교의 핵심 요소

결론적으로 성도들의 삶을 변화시키는 설교는 'PDP설교'입니다. PDP설교란 Principle지식과 정보, Deep Emotion감동, Personal application삶의 적용이 있는 설교를 의미합니다. 지知, 정情, 의意가 균형이 맞춰진 설교입니다. 저는 영적 균형을 굉장히 중요하게 생각합니다. 말씀의 의식화와 생활화의 균형, 사람의 준비와 하나님의 기회의 균형, 철저히 하나님 중심적인 설교원리, 진리, 본질와 사람 지향적인 설교방법론의 균형이 이루어져야 좋은 설교가 됩니다. PDP설교의 첫 번째 요소는 Principle원리입니다. 좋은 설교는 성도에게 정확한 지식과 정보를 줍니다. 성도에게 일어나는 삶의 변화는 하나님을 아는 지식에서 시작됩니다. 성경을 보면 하나님을 아는 지식을 얻은 사람들은 모두 변화되었습니다. 예수님의 제자들이 그랬습니다. 바울이 그랬습니다. 수많은 믿음의 사람들이 하나님을 아는 지식과 정보를 접하고 변화되었습니다. 또한 설교자는 본문을 통해 발견한 하나님의 교훈을 삶에 적용할 수 있는 원리로 만들어야 합니다.

두 번째 요소는 Deep Emotion감동입니다. 같은 설교라도 전달하는 태도와 방법에 따라 결과가 달라집니다. 성도들은 거룩한 비전과 믿음의 확신을 가진 설교자의 설교에 감동을 받습니다. 성도들은 설교를 전달하는 설교자의 태도와 분위기에도 영향을 받지만 전하는 방법을 통해서도 감동을 받습니다. 세 번째 요소는 Personal application적용입니다. 설교 내용이 아무리 좋아도 삶에 적용할 수 없는 설교는 좋은 설교가 아닙니다. 교회의 비전과 사역에 참여하도록 동기부여 할 수 있어야 하며 성도 개인의 삶의 현장에서도 적용할 수 있어야 합니다. 행함이 없는 믿음이 죽은 믿음인 것처럼 적용이 없는 설교는 허공을 치는 설교일 뿐입니다.

19장 THE CHURCH DREAMS AGAIN
다시 꿈꾸는 새로운 교회

믿음으로 시작하면 하나님이 이루신다

인간적으로 생각할 때 불가능에 가까운 일이었지만 공주 성전 성도들의 비전과 기도로 대전 성전이 설립되었고, 공주와 대전 성도들의 비전과 기도로 세종 성전이 설립되었습니다. 하나님은 우리의 믿음과 꿈과 헌신에 열매가 맺히게 하셨습니다. 우리는 이제 '그래도, 교회가 희망이다'라고 생각하게 만드는 새로운 교회가 되는 꿈을 꾸고 있습니다. 그래서 꿈의 교회 창립 120주년이 되는 2016년부터는 여러 곳에서 모이는 하나의 교회인 '멀티 사이트 캠퍼스 교회'에서 각 성전을 완전히 독립해 여러 교회가 하나의 비전과 사명으로 협력하는 '멀티 교회'로 나아가려고 준비하고 있습니다. 오늘날 한국 교회가 사람들의 지탄을 받는 결정적 이유는 복음의 길을 만들어야 하는 교회가 욕심의 성을 쌓고 있기 때문입니다. 교회는 세상에 하나님 나라의 실체를 보여주는 모델하우스입니다. 그러므로 교회는 세상 사람들이 보고 하나님 나라를 사모할 수 있는 모습으로 회복되어야 합니다.

새로운 교회 – 멀티 교회

교회의 본질과 사명에 충실한 교회가 새로운 교회입니다. 하나님이 기대하시고 감동하시는 교회가 새로운 교회입니다. 예수님의 피 값으로 세워진 교회는 영적 세계와 육적 세계를 연결하는 생명의 통로가 되고, 하나님의 능력과 인간의 필요를 연결해주는 축복의 통로가 되며, 하늘과 세상을 연결하는 복음의 통로가 되어야 합니다. 전도서에는 이런 구절이 있습니다.

> 이미 있던 것이 후에 다시 있겠고 이미 한 일을 후에 다시 할지라 해 아래에는 새 것이 없나니 무엇을 가리켜 이르기를 보라 이것이 새 것이라 할 것이 있으랴 우리가 있기 오래 전 세대들에도 이미 있었느니라 전 1:9-10

이 세상에 새로운 것은 없습니다. 우리가 볼 때 새로운 것일지라도 하나님이 볼 때는 하나도 새로울 것이 없습니다. 모든 것은 이미 하나님이 만드신 것이기 때문입니다. 사람들은 새롭다고 신기해하지만 사실은 우리가 미처 몰랐던 것을 발견한 것뿐입니다. 새로운 것은 오직 하나님으로부터 나옵니다. 따라서 새로운 교회도 오직 하나님으로부터 시작됩니다. 새로운 교회로 부흥하기 위해서는 오직 하나님으로 시작해 하나님으로 끝나야 합니다.

저는 새로운 교회 형태인 '멀티 교회'라는 비전을 품고 나아가고 있습니다. 멀티 교회란 여러 교회가 동일한 비전과 사명으로 함께하는 교회를 의미합니다.

많은 목회자들이 경험하고 있는 것처럼 한국 사회에서 교회 개척은 점점 더 힘들어지고 있습니다. 그렇다고 교회를 세우는 일을 중단할 수는 없습니다. 이러한 상황에서 대안은 역량 있는 교회가 비전과 사명을 공유하는 교회를 세워 훈련받은 사역자와 헌신된 평신도 리더들을 파송하여 또 다른 교회를 세우는 것입니다. 한 교회가 한 곳에서 대형교회로 성장할 것이 아니라, 교회의 힘을 모아 필요한 곳에 새로운 교회를 세워 나가는 것이 이 땅에 하나님 나라를 확장하는 방법입니다. 꿈의 교회는 이런 방법을 통해 대전 꿈의 교회를 설립하였고, 세종 꿈의 교회를 설립하게 된 것입니다.

멀티 교회의 비전

멀티 교회의 장점은 복음을 위해 각 교회가 갖고 있는 영적, 사역적, 물질적 자원을 공유해 시너지 효과를 낼 수 있다는 것입니다. 올해 우리 교회는 사역위원회의 결정으로 창립 120주년이 되는 내년부터 대전, 공주, 세종의 각 성전을 개 교회로 독립시켜 한 비전과 사명으로 협력하는 '멀티 교회'가 되기로 했습니다. 또한 비전선교회를 만들어 세 교회 수입의 십분의 일을 모아 필요한 곳에 새로운 교회를 세우기로 했습니다. 본 교회에서 훈련받고 성장한 교역자들과 헌신된 성도들을 팀으로 만들어 대전과 세종 성전을 세웠던 것처럼 같은 과정을 통해 새로운 교회들을 세워나갈 것입니다. 앞으로 몇 개의 교회를 더 세우게 될지는 모르지만 이런 방식으로 같은 비전과 사명을 가진 건강한 교회들이 계속해서 세워져 나가길 꿈꾸고 있습니다.

멀티 교회는 목사의 희생 위에 세워진다

멀티 교회는 교회를 세우는 교회가 되는 것입니다. 노만 빈센트 필 박사의 말처럼 때로 교회가 부패한 허물과 모순투성이로 보일 수 있으나 구원과 희망이 있는 곳은 오직 교회뿐이기 때문입니다. 목사는 교회를 자신의 직장처럼 여기지 말고 오히려 자신을 교회의 거룩한 소모품으로 여겨야 합니다. 사도 바울은 이렇게 고백했습니다. "나는 이제 너희를 위하여 받는 괴로움을 기뻐하고 그리스도의 남은 고난을 그의 몸 된 교회를 위하여 내 육체에 채우노라골 1:24." 목사는 새로운 교회를 세우기 위해 받는 고난을 기뻐해야 합니다. 목사는 하나님의 유익을 구하는 사람이지 자신의 이익을 위해 사는 사람이 아닙니다. 또한 교회는 주식회사가 아니라 하나님 나라를 세우는 생명의 통로입니다. 세상 사람들은 목회자를 윤리적인지, 도덕적인지, 착한지, 인격적인지를 갖고 평가합니다. 솔직히 말해 믿지 않는 사람 중에는 목사보다 인격적으로 더 훌륭한 사람도 있습니다. 그러나 하나님은 이런 것들로 목사를 평가하지 않습니다. 하나님은 목사를 평가하실 때 복음과 교회를 위해 사심없이 헌신하는 목사인지 아닌지를 보십니다. 다시 말해 생계를 위해 목회를 하는지, 목숨을 걸고 교회를 섬기는지를 보십니다. 교회는 교회가 세상에 존재해야 하는 이유와 목적을 따라 살아야 합니다. 이것이 바로 멀티 교회의 정신입니다. 결국 멀티 교회가 가능하려면 바울의 고백처럼 목사는 교회를 위해 그리스도의 남은 고난을 자신의 삶에 채우는 사람이라는 섬김의 패러다임으로의 전환이 필수적입니다.

멀티 교회는 새로운 목사부터 시작된다

사무엘 스미스 드루리는 "이 나라에는 많은 훌륭한 교회들이 있지만 그 교회들을 이끌어갈 리더가 없다. 나는 교회는 훌륭하나 엉성한 목회자보다는 교회는 엉성할지라도 훌륭한 목회자를 선택하겠다."라고 말했습니다. 나폴레옹도 "나쁜 병사는 없다. 나쁜 리더가 있을 뿐이다."라고 말했습니다. 노루가 지휘하는 사자 군대보다 사자가 지휘하는 노루 군대가 더 강하다는 말도 있습니다. 가만히 살펴보면 오늘날 교회의 문제 대부분은 리더십에서 시작됩니다. 리더가 바로 서서 성경적인 리더십을 발휘하면 교회는 건강하게 되어 있습니다. 에스겔 22장 30절에 보면 하나님은 "이 땅을 위하여 성을 쌓으며 성 무너진 데를 막아서서 나로 멸하지 못하게 할 사람을 내가 그 가운데에서 찾다가 찾지 못하였으므로"라고 말씀하십니다. 하나님의 마음에 합한 리더가 없는 것에 대한 안타까움을 말씀하고 계시는 것입니다. 지금 우리가 살고 있는 이 시대도 불러야 할 노래, 흔들어야 할 깃발, 따를 만한 지도자, 생명을 걸 만한 신조가 사라진 시대입니다. 사사시대의 이스라엘 백성처럼 모든 사람이 자기 소견에 좋은 대로 행하는 것 같습니다. 하나님의 뜻을 행하며 교회를 건강하게 부흥시킬 목회 리더십이 절실히 필요한 때입니다. 교회를 세우신 하나님의 뜻에 대한 영적 분별력을 가진 목사가 필요합니다. 교회를 통해 이루고 싶어하시는 하나님의 마음에 대한 영적 이해력을 가진 목사가 필요합니다. 뿐만 아니라, 건강한 교회를 위한 영적 추진력을 가진 목사가 필요합니다. 하나님은 섬기는 영적 리더십을 가진 목사를 통해 건강한 교회를 세우십니다.

지금 한국 사회는 기존의 목회 패러다임과 리더십으로는 더 이상 목회를 할 수 없을 만큼 급격한 변혁의 시대를 통과하고 있습니다. 지난 20세기가 산업

사회의 가치관과 패러다임이 지배했던 시대였다면 21세기는 정보, 학습, 지식, 디지털 사회라는 특징을 갖고 있습니다. 사람들의 의식구조도 수직적인 패러다임에서 수평적인 패러다임으로 바뀌었습니다. 게다가 정치, 사회, 경제의 양극화와 경제위기로 인한 불안은 세대 간 단절과 가족 해체를 가속화시키고 있습니다. 거기에 저출산과 노령 사회로의 진입은 미래를 더욱 암울하게 예상하도록 만듭니다. 더불어 무너지는 윤리의식은 사람들의 정신을 황폐화시키고 새로운 직업의 출현과 기존 직업의 소멸은 가정을 책임져야 할 가장의 고민을 점점 깊어지게 만듭니다. 경기 방식이 아니라 경기 규칙이 바뀌는 시대가 되었기 때문입니다. 따라서 우리 모두는 지금까지 한 번도 경험해보지 못한 시대를 맞이하고 있습니다. 이럴 때일수록 목회자는 바른 리더십을 발휘해야 합니다. 혼란스러워하는 성도들에게 비전과 사명을 일깨워 주어야 하며 목숨을 걸고 붙들어야 할 성경적 가치가 무엇인지를 분명하게 가르쳐야 합니다. 이러한 교회의 위기를 극복할 수 있는 가장 좋은 대안은 성경적인 리더십을 회복하는 것입니다.

그동안 목회자의 역할은 돌봄 사역에 편중되어 왔습니다. 목사는 성도들의 영적 부모로서 심방하고, 돌보고, 권면해야 한다는 가부장적이며 권위주의적인 리더십을 고수해 온 것입니다. 그러나 목사의 역할이 여기에 머물러서는 안 됩니다. 오늘날에는 성도들을 구비시켜 하나님의 사역자로 살게 하는 영적 코치로서의 역할이 더욱 강조되고 있습니다. 성도들을 하나님의 자녀로서 축복을 누리는 데 머물게 할 것이 아니라 사역자로서 교회를 섬길 수 있도록 구비시켜야 하는 것입니다. 목사는 이러한 일에 관리인으로 위촉받은 것입니다. 성도들이 성숙하여 목회자를 돕는 동역자가 되기를 기대한다면 목회자의 리더십부터 바뀌어야 할 것입니다. 진정한 리더는 시대를 앞서가는 사람입니다. 그러므로 시대를 앞서가는 목회자가 되기 원한다면 자신의 리더십 철학부터 점검해야 할 것입니다. 건강한 목회 리더십은 다음의 두 가지 특징이 뚜렷하게 나타납니다.

첫째, 교회를 섬기는 리더십입니다. 교회는 그리스도의 몸이며 하나님의 꿈입니다. 하나님은 교회 공동체를 통해 하나님 나라의 일을 이루어가십니다. 교회를 떠나서는 아무것도 할 수 없습니다. 고린도후서 11장 28절에서 사도 바울은 "아직도 날마다 내 속에 눌리는 일이 있으니 곧 모든 교회를 위하여 염려하는 것이라"고 말합니다. 이와 같이 목회자는 교회를 섬기는 리더십을 소유해야 합니다. 건물이나 장소로서의 교회가 아니라, 하나님의 백성들의 공동체인 교회를 섬기는 리더십을 가져야 합니다. 예수님께서는 교회에게 하늘의 비밀을 열고 닫는 권세와 능력을 주셨습니다. 에베소서에서 말씀하고 있는 것처럼 하나님은 교회를 통해 하나님의 계획을 이루어가십니다. 그래서 바울은 교회를 위해서 고생하는 삶을 마다하지 않았던 것입니다. 리더가 비겁하면 성도들이 피해를 봅니다. 목사는 생계가 보장되지 않는다 할지라도 주님을 섬기기로 헌신한 사람입니다. 그러므로 바울처럼 교회를 세우는 일에 목숨을 걸어야 합니다. 건강한 리더십은 교회를 섬기는 리더십에서 시작됩니다. 히브리서 6장 10절 말씀처럼 "하나님은 불의하지 아니하사 너희 행위와 그의 이름을 위하여 나타낸 사랑으로 이미 성도를 섬긴 것과 이제도 섬기고 있는 것을 잊어버리지 아니하시느니라."

둘째, 건강한 목회 리더십은 사람을 세우는 리더십입니다. 자연적인 교회 성장으로 유명한 크리스티안 스왓츠는 성장하는 교회와 성장하지 못하는 교회의 차이점은 사역자를 세우는 일에 있다고 말합니다. 성장하는 교회의 지도자는 다른 그리스도인에게 기회와 권한을 부여하는 일에 중점을 둡니다. 에베소서 4장 11-13절의 말씀처럼 목사는 성도들을 구비시키는 리더가 되어야 합니다. 혼자서 열 사람 몫의 일을 하는 사람은 훌륭한 기능공입니다. 그러나 열 사람이 일을 하도록 만드는 사람이 리더입니다. 하나님은 목회자를 기능공으로 부르신 것이 아니라 리더로 부르셨습니다. 따라서 성도들이 하나님의 자녀로서 축복을 누리도록 돕는 돌봄 사역도 중요하지만 성도들을 하나님의 사역자로 세우는 리더십도 중요합니다. 리더십은 호수 표면에 물결을 일으키는 일과 같습니다. 한 사람을 돕거나 길을 인도해 주면 연이어 수많은 사람이 영향을 받기 때문입니다. 그런데 사람에게 영향을 끼치려면 섬김을 통해 감동을 줘야 합니다. 존 맥스웰의 말처럼 자신을 이끌려면 머리를 사용하고 다른 사람들을 이끌려면 가슴을 사용해야 합니다. 이처럼 건강한 교회의 리더십은 교회를 섬기고, 사람을 섬기는, 섬김의 리더십입니다. 예수님은 이렇게 말씀하셨습니다. "인자가 온 것은 섬김을 받으려 함이 아니라 도리어 섬기려 하고 자기 목숨을 많은 사람의 대속물로 주려 함이니라막 10:45."

지금까지 교회를 이끌어온 리더십 스타일은 권위주의적인 보스 스타일이었습니다. 그러나 교회가 건강한 교회로 부흥하려면 섬기는 리더십으로 변화되어야 합니다. 이것은 리더십의 태도나 방법의 문제만이 아니라 리더십의 철학과 생각의 문제까지 포함되어야 합니다. 생각이 바뀌어야 태도가 바뀝니다. 리더십의 변화가 없이는 교회나 성도의 변화도 없습니다. 목회의 경쟁상대는 다른 교회 목회자가 아니라 자기 자신입니다. 또한 목회의 가장 큰 적은 자기 자신입니다. 성도들에게 변화되라고 외칠 것이 아니라 목회자 자신이 변화되어야 합니다. 탁월한 목회자는 자기 자신의 연약함과 교만함과, 이기심과, 게으름을 극복하는 사람입니다.

존 맥스웰이 쓴 『리더십의 법칙』에는 이런 재미있는 이야기가 소개됩니다. "하는 일마다 된다, 안 된다 시비를 걸어오는 거추장스러운 사람이 있었다. 가는 길마다 어김없이 나타나 발목을 잡고 속을 뒤집어 놓는 잡놈이 아닌가? 이 사람만 없다면 한번 해볼 만한데 답답하도다. 가슴만 치고 있을 뿐이었다. 그런데 어느 날 그 원수 같은 놈이 벙거지를 깊이 눌러쓰고 홀로 걸어가는 것이 아닌가? 이 기회에 저놈을 처치해 버려야겠구나. 잘 됐다 싶어 벙거지를 벗기고 후려치려는 순간, 아니 이게 누구란 말인가? 이 잡놈이 바로 내가 아닌가?" 참으로 공감이 가는 이야기입니다. 구태의연한 과거의 전통과 패러다임에 안주하지 말고 새로운 미래를 향해 과감히 혁신해야 할 첫 번째 대상은 바로 자기 자신입니다. 건강한 교회를 세우기 원한다면 건강하지 못한 자신의 삶을 주님의 뜻에 맡겨 과감하게 조정해야 합니다. 하나님이 우리에게 기회를 주실 때 준비되어 있지 않다면 이보다 슬픈 일은 없을 것입니다.

나가는 말

미래는 준비한 자와
준비하지 못한 자로 나뉜다

『2020-2040 한국교회 미래지도』(최윤식 저)라는 책에 보면 지금 한국 교회는 침체기를 지나고 있는데, 금융위기가 예상되는 2-3년 후부터는 쇠퇴기가 본격화될 것이라고 전망하고 있습니다. 몰락하는 교회가 속출할 것이며, 그나마 명맥을 유지하는 대부분의 교회도 일부 교회를 제외하고는 생존을 위해 처절하게 몸부림치게 될 것이라는 예견입니다. 2028년경부터는 전국적으로 교회의 몰락이 시작될 것이며, 한국 교회는 고령화 현상으로 전체 교인의 60~70%가 60~70대인 상황에 직면하게 될 것이라고 말합니다. 뿐만 아니라 "서울을 제외한 경기도 외곽과 지방 대도시는 70~80%가 은퇴자일 것이고, 중소형 도시는 80~90%가 은퇴자일 것이기 때문에 교회 헌금은 현재의 50% 이하로 줄어들 것이다." 너무 비관적인 전망이라고 생각하는 분들도 있을 것입니다. 그러나 냉정하게 생각해 보면, 이대로 간다면 한국 교회에는 미래가 없습니다. 실제로 지난 15년간 농어촌, 중소형 도시 중에서 주일 학교가 없어진 교회가 60~70%가 될 정도입니다. 이미 노인들만 남은 교회도 많습니다. 이 책에서 전망한 것처럼 앞으로 한국 교회는 기회를 잡는 자와 기회를 잃어버린 자의 구분이 명확해질 것입니다. 다시 말해 미래는 바꾸는 자와 바뀌는 자로 나뉘게 될 것입니다.

그러나 저는 여기에 더해 준비한 자와 준비하지 못한 자로 나누고 싶습니다. 위기를 위기로 맞든지 그 위기를 기회로 삼든지를 결정하는 것은 리더에게 달려 있습니다. 리더는 다르게 생각해야 합니다. 그래서 지금 당장 우리에게 새로운 목회 패러다임이 필요한 것입니다.

새로운 목회의 핵심 요소

새로운 목회의 핵심요소는 비전이 이끌어가는 목회입니다. 목사는 바른 길을 알려주는 사람입니다. 목회란 삶의 방법을 알려주는 것이 아니라 삶의 이유를 깨닫게 하는 일이기 때문입니다.

또 다른 핵심요소는 목회 철학이 이끌어가는 목회입니다. 목회가 힘든 이유는 하나님이 계획한 대로 목회하지 않기 때문입니다. 목회의 출발이 잘못되면 목회의 목표가 잘못되고, 목회의 개념이 왜곡되면 목회 방법과 태도도 잘못되어 목회가 힘들어지는 것입니다. 잘못 믿고, 잘못 생각하고, 잘못 살아왔던 가짜 목회를 진짜 목회로 바꿔야 합니다. 교회는 목회자의 생계를 위한 직장이 아닙니다. 다시 말하지만 목사는 교회를 위한 거룩한 소모품이라는 생각을 가져야 합니다.

그 날에 많은 사람이 나더러 이르되 주여 주여 우리가 주의 이름으로 선지자 노릇 하며 주의 이름으로 귀신을 쫓아 내며 주의 이름으로 많은 권능을 행하지 아니하였나이까 하리니 그 때에 내가 그들에게 밝히 말하되 내가 너희를 도무지 알지 못하니 불법을 행하는 자들아 내게서 떠나가라 하리라(마 7:22-23)

사실 저도 이 말씀을 붙잡기 전까지는 큰 교회 목사로 주의 일을 많이 하는 목사가 되고 싶었습니다. 그러나 저는 이 말씀을 통해 열심보다 중요한 것이 핵심임을 깨닫게 되었습니다. 내가 주님의 일을 얼마나 크고 많이 했느냐가 중요한 것이 아니라, 얼마나 하나님의 뜻에 순종했느냐가 더 중요합니다. 내 주장과 생각보다 중요한 것은 하나님의 뜻이고, 속도보다 중요한 것은 인생의 방향입니다. 아무리 많은 사역을 하고 헌신해도 하나님께 인정받지 못한다면 불법 신앙, 불법 목사에 불과할 뿐입니다. 내가 가고 싶은 길을 가는 것이 아니라 가야할 길을 가야 합니다. 내가 하고 싶은 목회를 하는 것이 아니라, 반드시 해야 할 일을 하는 목사가 되어야 합니다. 한마디로 큰 교회가 아니라 건강한 교회를 세우는 목사가 되어야 합니다.

광야에 길을 만들고 사막에 강을 내시는 하나님

오늘날 많은 목사들이 광야와 사막이라는 현실에 멈춰 서 있습니다. 만만치 않은 현실을 뚫고 새로운 목회를 시작하려면 광야에 길을 내고, 사막에 강을 내는 하나님을 믿어야 합니다. 광야와 사막이라는 현실을 바라볼 것이 아니라 길과 강을 내시는 하나님을 믿고 바라보며 새로운 열정으로 다시 시작해야 합니다. 지금까지 해왔던 목회는 다 잊어야 합니다. 그러면 하나님은 광야 같은 목회에 길을 내실 것입니다. 사막 같이 황폐한 목회에 강이 흐르게 하실 것입니다. 하나님은 항상 끝에서 새롭게 시작하는 분이시기 때문입니다.

요즘 '마리 한화'라는 애칭으로 주목받고 있는 한화 이글스의 김성근 감독은 이렇게 말했습니다. "인생은 한 번뿐 두 번은 없다. 한 번뿐인 인생을 의미 있게 살려면 절실함이 있어야 한다. '이 정도면 됐다'라며 현실에 만족하고 머무는 것은 타협이다." 하나님이 기회를 주실 때 기대를 저버리지 않고 최선을 다해 기회를 잡는 목사가 되어야 합니다.

하나님 나라 비전

결론적으로 세상에 희망의 증거가 되는 교회가 되기 위해서는 하나님 나라에 대한 비전을 가진 건강한 교회가 되어야 합니다. 열정을 품고 사람들을 대하고, 창조적인 전략을 가지고 도시를 대해야 합니다. 물론 건강한 교회는 하루아침에 이루어지는 것이 아닙니다. 그렇기 때문에 10년 후를 내다보며 계획을 세우되 10분 후를 준비하는 마음으로 사역해야 합니다. 하나님은 큰 비전을 품었을지라도 오늘 주어진 환경 속에서 최선을 다하는 사람을 사용하십니다. 작은 일에 충성하는 자에게 큰일을 맡기시는 것입니다. 하나님의 때를 기다리면서 조급해하지 말고, 게으르지도 말고 성실하게 섬겨야 합니다. 주님이 내일 오실 것처럼 최선을 다하되, 천년 뒤에 오신다 하더라도 지치지 말고 섬겨야 합니다. 그러면 하나님이 이사야를 통해 하신 말씀을 실제로 경험하게 될 것입니다.

> 그 작은 자가 천 명을 이루겠고 그 약한 자가 강국을 이룰 것이라 때가 되면 나 여호와가 속히 이루리라 이사야 60장 22절

에필로그

　이 책은, 하나님이 꿈꾸시던 바로 그 교회는 어떤 교회인지 고민하며 건강한 교회를 세우기 위해 치열했던 목회 현장에서 사랑하는 꿈의 교회 성도들과 함께 만들어간 이야기입니다. 혹시 부족한 부분이 있다면 그건 전적으로 저의 책임입니다. 먼저 자랑스러운 꿈의 교회 역사 속에서 작은 저를 한 점으로라도 사용해주신 하나님께 모든 영광을 돌립니다. 무엇보다 열정만 넘치는 목사의 무모한 비전에 무섭게 순종하여 따라와 오늘의 꿈의 교회가 되도록 해준 꿈의 교회 가족들과 신실한 섬김으로 동역해준 꿈의 교회 목자들에게 감사드립니다. 목사는 어떻게 살아야 하는지 자신들의 삶으로 보여주신 부모님께 진심으로 감사드립니다. 교회에 목숨 걸고 달려온 남편을 아무 불평 없이 평생 지지자로 함께 한 아내와 하나님의 사랑의 실재를 경험하게 해주며 내 삶에 큰 기쁨과 위로가 되어준 두 아들에게 감사를 표합니다. 그림자처럼 옆에서 돕고 함께해준 꿈의 교회 사역자들에게도 감사를 드립니다. 특별히 소심한 저에게 책을 낼 수 있도록 격려해주신 교회성장연구소 김형근 본부장님과 책을 만들어준 이강임 팀장님, 그리고 교회성장연구소 식구들에게 감사드립니다. 무엇보다 암울한 이 시대에 건강한 교회, 새로운 교회를 다시 꿈꾸며 이 책을 읽어준 독자들에게 큰 감사를 드립니다.

초판 1쇄 발행	2016년 11월 16일
8쇄 발행	2025년 10월 1일

지은이	안희묵
발행인	이영훈
주 간	김호성
편집인	김형근
편집장	이강임
기획·편집	최윤선
표지디자인	백경찬, 김미나
내지디자인	김한희

펴낸곳	교회성장연구소
등 록	제 12-177호
주 소	서울특별시 영등포구 여의공원로 101 CCMM빌딩 7층 703B호
전 화	02-2036-7928(편집팀)
팩 스	02-2036-7910
쇼핑몰	www.pastormall.net
홈페이지	www.pastor21.net
페이스북	www.facebook.com/pastor21

ISBN | 978-89-8304-247-7 03230

*값은 뒤표지에 있습니다.
*잘못된 책은 구입하신 서점에서 교환해드립니다.
*이 책 내용의 일부를 사용하려면 반드시 저작권자와 교회성장연구소 양측의 서면동의를 받아야 합니다.

"무슨 일을 하든지 마음을 다하여 주께 하듯 하라." (골 3:23)

교회성장연구소는 한국의 모든 교회가 건강한 교회성장을 이루어 하나님 나라에 영광을 돌리는 일꾼으로 성장하는 것을 목표로, 목회자의 사역과 성도들의 영적 성장을 도울 수 있는 필독서들을 출간하고 있다. 주를 섬기는 사명감을 바탕으로 모든 사역의 시작과 끝을 기도로 임하며 사람 중심이 아닌 하나님 중심으로 경영한다. "무슨 일을 하든지 마음을 다하여 주께 하듯 하라."는 말씀을 늘 마음에 새겨 하나님께서 주신 사명을 기쁨으로 감당하고 있다.